紅沙龍

Try not to become a man of success but rather to become a man of value.
~Albert Einstein (1879 - 1955)

毋須做成功之士，寧做有價值的人。 —— 科學家　亞伯·愛因斯坦

目錄

《活學》

第2章 可以不一樣

PART II

最高效能的人生

第4章 更好的自己

第5章 家族重修課

第6章 還在學活好

PART III

跟人在一起

第7章 職場的修煉

第8章 領導的修煉

第9章 組織的修煉

第10章 世界的修煉

自序

學怎麼活

本書「活學」，完整呈現了我過去十年「學怎麼活」的心路歷程。

先交代一下緣起。大約十餘年前，我進入了世俗定義的「人生顛峰」和「超級舒適圈」。當時的我，事業順遂，交遊廣闊，家中無事，生活悠閑。隨興所至，常騎著自己養的馬馳騁，駕飛行傘御風而行，著潛水裝和魚群共舞。

這樣的日子過了幾年，表面春風得意，內心卻日漸空虛。開始問自己：「生而為人，我到底是來做什麼的？」帶著這個問題，我遍搜典籍、請教高人，折騰了幾年，最後終於浮出一句話：「我是來學怎麼活的！」當這句話變得不容忽視後，十年前，終於下定決心，放下自己創辦的事業，走上一條不同的人生道路。

這十年，前七年我主要在做義工，從業餘做到全職，從台灣做到全世界，從刷馬桶、拖地板、種樹開山、服務學員、到當講師，無所不做。最近三年，我開辦了自己的「學怎麼活」相關課程，分享人生心得，與有緣人一起同行。這本書，就是這十年一路走來的「心靈日記」。

大家一定很好奇，學了十年「怎麼活」，我如今到底活成什麼樣了？我覺得最能代表此刻生命狀態的，莫過於這則蘇菲行者間流傳的故事：

一隻小螞蟻在沙漠趕路，遇到一位蘇菲師父。師父問牠，為何匆匆？小螞蟻說：我要去朝聖。師父哈哈大笑說：聖城那麼遠，你走得這麼慢，生命又這麼短，怎麼可能到聖城？小螞蟻說：沒關係，只要能死在朝聖的路上，就無比幸福！

的確，小螞蟻不知道聖城有多遠？能不能到？到了以後會怎樣？……為什麼還堅持要去朝聖呢？我認為，可能的答案只有一個：因為它現在已經很幸福，自從走上這條路，越來越幸福！

這就是此時此刻的我。

行，當然更幸福！

本書的出版，要感謝的人太多了。只能說，感謝我此生有緣相遇的每一個人，你們若不是滋養了我、就一定是啟發了我，當然包括正在讀這本書、即將不同的你！感恩！

PART I

人生最重要的事

第1章

你也是這樣？

1

「看不見」自己

原來我是一個不願意看見自己的人，照鏡子不順眼，還想改鏡子呢。

可能有不少人和我一樣，感覺「外面人」和「家裡人」對自己的看法不太一樣。最近我突然想到：到底外面的我，還是家裡的我，才是真正的我呢？

過去我是這麼認為的：家裡的人不太了解我，他們不知道我有多大能耐，有多受尊重，有多少非等閒之輩常常「請教」於我……居然我講的話不聽，對我的態度不遜，不僅不向我請教，還常「指教」我，簡直完全錯過了擁有我這樣的「家人」的重點，當然損失的是他們。

直到最近我才看到，在外面的我，其實不夠真實，也不夠全面。出門在外與人交往，常帶著目的，不是別人有目的，就是自己有目的，只要任何一方有目的，彼此的對待就難免失真。就算雙方都沒目的，單純交往，畢竟人生交集淺，彼此承擔不深，因此顯露出的自己必不全面。

看清楚了**在外面的我，不是真正的我，在家裡的才是，恍若大夢初醒，有如莊周夢蝶，醒來嚇出一身冷汗。原來自己一直認同的，只是個不全面的假我，家人眼中的真我，卻自己看不見、也不承認。**我還想起，曾經有一度覺得出差時住的酒店浴室燈光設計得好，照起鏡子來比較順眼，心情也愉悅，回家就覺得看鏡子裡的自己有點「失真」，想請設計師來改一改呢。原來我是一個不願意看見自己的人，照鏡子不順眼，還想改鏡子呢。

我還想到，自己有時與人相交，深感心領神會、頗有知音難得的感受，是不是其實只是對方認同我而已？我講話他聽不懂，讓我覺得他不了解我，其實也只是他不認同我而已？我把認同誤當了解，把不認同視為誤解，因而不斷錯過看清自己的機會，越活越虛假，誤了自己的人生。我小時候覺得父母不了解我，上學後覺得老師不了解我，上班後覺得老闆不了解我，結婚後覺得太太不了解我，做父親後覺得孩子不了解我……活到一大把年紀，才發現世上最不了解我的，居然就是自己。真是汗顏啊！而這樣一個不了解自己的我，其實又哪能真正了解別人呢？

我自從發現自己這大毛病後，也發現周圍有不少人和我有類似的毛病。似乎這是一種時代流行病，而且越來越嚴重，嚴重到多數人都樂於淺交、怯於親近，活出一種「遠交近攻」的生命狀態，到最後乾脆只在網上和陌生人交往，不和坐在對面的人說話。這樣下去，總有一天真、假人生糾纏交錯，沒人找得到真正的自己了。有鑑及此，我也才明白，為什麼老祖宗的儒家修行，講究「由親及疏」。因為「這樣才是真的！」不是嗎？

2

不能「做小事」

公司大事越來越少，少到幾近於零，我終於落入「無所事事」的境地……

一位女性企業執行長撰文談到「能大能小」的問題，說有些「男性領導人」管理公司「能大，不能小」，最後成為公司發展的瓶頸。

我舉雙手贊成她的看法，而且自動「對號入座」，承認自己就是那種「男性領導人」。只可惜覺悟得太晚，已經時不我與，空留遺憾。

為避免其他「男性領導人」步我後塵，我想在此交代一下我的「不能小」演變史。

其實，我原先不是這樣的。我小時候和孔老夫子一樣，「吾少也賤，故多能鄙事」。我媽就是我的師父，整天帶著我幹活，凡是她會做的，我也都得會。

甚至青年時代，我還很自覺的「找苦吃」，寒暑假打工，偏好粗活，做過汽車廠、建築工地的雜工，以此磨練自己，深感自豪。連當兵都放棄做軍官，刻意的當二等兵，以「體驗被人踩在頭上的感覺」，期許自己銘記在心、永世不忘。

直到合夥創業，熬過了前期的艱辛，公司制度漸上軌道，人才也比較整齊了，就想偷懶過過「好日子」。那時我給自己訂了一個原則，只做「非我不可」的事，其他事都盡量讓別人做。可想而知，「非我不可」的，當然都是大事，不可能是小事。最後的結果，是公司大事越來越少，少到幾近於零，我終於落入「無所事事」的境地。最慘的是，「無所事事」之後，還不甘寂寞，總想找些「大事」幹幹，卻發現常常眼高手低，不了了之。

以上就是我的「不能小」演變史。回想起來，還可分階段：第一階段是講究分工、追求效率、培養人才；第二階段是受驕寵，小事大家自動不讓我做，以至於形成依賴，逐漸不會做小事；第三階段是把所有「小事」視為理所當然，開始不願面對、不耐煩；第四階段則是眼中無小事，大事也辦不了。

不僅是事業，連生活上也是如此。**我的「不能小」終於演變為「全方位」：做事高談闊論、眼高手低，生活處處依賴、幾近白痴。為禍之大，罄竹難書：**一、不知民間疾苦；二、無法真正「和人在一起」；三、因依賴而退化；四、缺乏感受、決策不精準；五、創新能力受到限制；六、容易遇小事即煩躁或逃避、很難「活在當下」；七、最後人生無大事、只剩小事，就不知該怎麼活了……。再說嚴重點，像我這種「不能小」的領導人，如果再加上好大喜功、不知進退，其為禍就得由整個企業、甚至社會一起埋單了。

奉勸諸親友：如果你還有機會做小事，好好享受罷！如果你已沒小事可做，想想為什麼罷！至於我自己，正在重新學「做小事」，期待老之將至時「仍能鄙事」呢。

3

被寵壞的中年男人

我漸漸總是對的，
即使結果顯示我是錯的，也沒有人會提起……

談到當今社會現象，很多人都擔心把孩子寵壞了。我倒是看到另一社會現象：被寵壞的中年人也不少！

這些中年人，一般稱之為菁英階層，通常聚集於有權、有錢、有影響力的地方，以男人居多，企業界是大本營。

我本人忝為被寵壞的中年男人之一，似乎該先交代一下心路歷程。

我自幼家境一般，靠讀書、學本事踏入社會，倒一直覺得心安理得。直到三十五歲創業，四十五歲開始收成創業的果實，才突然驚覺整個社會體制竟然如此一面倒的對我有利。我只不過在分內的角色上做對了幾件事，就不小心分到了「獅子的一口」，其中有名、有利、有地位，而且大大超出預期。這些事剛發生時，我還生出「不勞而獲」的慚愧心，了解到自己已處身「既得利益」階層，有些不好意思……，久之，習焉而不察，就逐步蛻變為被寵壞的中年男人了。

在會議桌上，大家都等著我的指示；在宴會席上，總少不了由我發表高見；家庭聚會，包括長輩都配合著我的行程……，我想做的事，大家都配合我去做；我不想做的事，沒有人能勉強我做……，我漸漸總是對的，即使結果顯示我是錯的，也沒有人會提起……，我發現用錢和勢，可以解決好多問題，凡是可以用錢和勢擺平的，都不是問題……，我既無求於人，也不必在意別人小鼻小眼的看法和感受，即使要幫助別人，也得照我的想法來……。這樣的……，還可以無限延伸，因為被寵壞的中年男人早已演化出千奇百怪的樣態，其中又以企業界為最。

現代社會最主要特徵，就是為了社會的發展和成長，鼓勵人們發財，發財之後更鼓勵用錢去交換盡可能多的價值。這樣的體制，會在企業裡生產大量被寵壞的中年男人，自不足為奇。

說起被寵壞的中年男人為禍社會，其實大家都很麻木，因為這體制是大家共同在維護的，付點代價大家都認了。正如被寵壞的孩子，付出最大代價的，其實是被寵壞的當事人。問題是**被寵壞的中年男人是很難自我覺察的，因為他們是當權者，不容易聽到不同的聲音，自我感覺超級良好；他們還擅長打造自己的城堡，只讓看得順眼的人進去；更重要的，當他們感覺不好時，有太多方法找到舒解的替代品。**

從我覺察到自己是「被寵壞的中年男人」後，一路尋尋覓覓，直到主動把自己帶到適當的環境改造，已經若干年了。這段期間，我從人生停滯的「紅海」，啟程航向遼濶的「藍海」，箇中滋味，不足與外人道也。我很清楚的看到，被寵壞而不自知，造成生命停滯不前，實在太可惜。

你有沒有可能也被寵壞了？如果你很有個性，周圍的人都順著你；如果你經常是對的，錯的總是別人；如果你擁有的一切都令人稱羨，卻感覺內心深處停滯不前……，別懷疑，你是被寵壞的高危險群，有必要走出舒適圈，重新學習人生了。

4

禍由「想」出

現在的我，並非想法有不同，
而是對「想法」的態度不同，便比較不會「惹是生非」。

日前和女兒間有一段小小的發生，讓我看到自己的轉變，頗有所感。

起因於女兒有一件事要做決定，她和我商量，我為她分析情況後，由她自行決定，結果她並未照我的「暗示」做，事後卻跑來問我：我真正的想法是什麼？有沒有因她的決定不高興？

我告訴她，我的確有想法，但我認為自己的想法不重要，因此想完就算了，並沒有不高興，反而她事後願與我分享她的經歷和感受，讓我很開心。接下來，父女間有一番人生體悟的長談，談到欲罷不能。

事後我突然想到，過去的我，不是這樣的。發生這種事，結局也不會是這樣。

過去的我，一定會很清楚的告訴她我的想法，而且強烈的表達希望她照我的建議做。如果她有不同主張，我會不厭其煩、循循善誘，直到她認同我為止。如果她居然不照我的

5

骨子裡的傲慢

這傲慢之心，潛藏意識深處數十年，真的是「隱身高手」啊！

曾聽一位人生導師說：「傲慢是絕症，因為自己看不見！」當時覺得他說得很對，卻不覺得自己是個驕傲的人。

後來漸漸打開覺察，才看到自己表面謙虛，只不過是保持風度，內心深處常自覺高人一等，骨子裡傲氣十足。這種深藏的傲骨，自己看不見，與我關係遠的人或許也無感，但可想而知，關係近的人一定深受其苦。

看到了自己的驕傲，當然要設法改正。經過一段時日後，越來越常聽到別人誇讚我謙卑，也自認為真的頗有精進。但日前和一位親近之人發生小摩擦，讓我看到自己的傲慢根性依然故我。

我決定認真找原因，最後終於看到了自己過去看不到的「人生劇本」。

根源還是來自和母親的關係。母親沒受過教育，但管教很嚴厲，因此幼年時的我，必須時刻揣摩母親心意過日子，練就了察言觀色的功夫。成年之後，我常自豪的跟別人說：自己十歲以後，對母親的了解，就超過母親對我的了解；上大學後，自認見多識廣，和母親的對待，就像我是大人、母親是孩子一般；等事業有點成就後，更以哄小孩的方式「孝順」母親，直到她過世。

回憶起這一段心路歷程，我終於看到自己傲慢的源頭：**原來對生我、養我、育我、成就我的母親，我居然活到比她更大，還覺得理所當然！這世上傲慢的極致，莫過於「孩子活到比父母大」，而我正是如此。**連這樣的傲慢都看不見，其他的，當然就更不用說了。

自從看見傲慢的根源後，我每晚睡前都向母親懺悔：「對不起母親，我把自己活到比妳大。現在我知道了，我的一切都因你而來，你是大的，我是小的。」這麼做以後，我深深的看見，母親讓我活到比她大，是母親的肚量；而我把自己活到比母親大，是不可思議的愚昧無知。

如果不從根源處找原因，傲慢的確很容易變成絕症。而且藏得越深的傲慢，越難療癒。像我這樣的案例，連對母親的「孝順」，背後都藏著傲慢心，和其他人的交往、對待、關心、付出，哪有一處不藏著傲慢呢？這傲慢之心，潛藏意識深處數十年，連我這「當事人」都無知無覺，它真的是「隱身高手」啊！佩服！佩服！

從我的經驗下結論：傲慢真的是絕症！除非你能看見它。看見它，不容易；但只要能看見，就有機會……。

6

自我感覺良好？

人若發覺「自我」感覺良好，就得馬上有警覺：你一定是待在舒適圈或贏者圈太久了！

一位許久不見的企業界老友對我說：他看我的專欄，有時心有戚戚焉，有時卻覺得「反省」的有些超過，好像沒必要如此。他這番話，又讓我「反省」起來。我為什麼會變成這樣子？是否真的陳義過高？甚至藉自省之名，搞沽名釣譽？

過去的我，算是「自我感覺良好」一族。也不是不知反省，只不過反省的結論，常是比上不足、比下有餘，湊合打個八十分，剩下那二十分，就當作自我犒賞罷，做人何必那麼辛苦？

我這樣的想法，當然有受到環境影響。多年來，我往來的圈子，以媒體界和企業界為主。這兩個圈子，名、利、權的含金量甚高，當然不乏三頭六臂、呼風喚雨之士。大家相互間比的，是誰有本事、誰喊水會凍，誰名震四方。攀比之餘，當然也有遊戲規則要守，譬如說，守法、守理、守信、守義、甚至守時……但除此之外，所謂大德不逾、小節不拘，既能呼嘯江湖，何不快意人生？何必自縛手腳？我過去出沒的圈子，既然如此，我又做出了點小成績，有何理由不自我感覺良好？又有什麼好反省的呢？

我近年來的改變，是因為換了「圈子」。自從「晉升」榮譽發行人後，我重啟人生學習之旅，投入大量時間做志工。在這個涵蓋社會各行各業、各階層的領域中，我跟著前輩一起做、有機會近身觀察，才發現有那麼多人做到那麼多我做不到的事。慚愧之心，油然而生，從此一發不可收拾……做越多，越看見自己差太遠，越慚愧。

我由此理解，人為什麼會「自我感覺良好」？原因只有兩個：其一，標準太低；其二，覺知太淺。而且通常兩者兼具，否則不可能繼續「感覺良好」下去。

朋友之所以勸我，可能還有一個誤會：他以為我自省到如此「超過」，一定日子過得很苦。這個誤會太大了，必須加以說明。

誤會的來源，可能在於，無法區分「內疚」和「慚愧」。內疚是一種頭腦的作用，明知不對，卻不想面對，因此會帶來逃避和壓力，自然是苦；慚愧是一種「心」的作用，感受到不足，願意面對，帶來的反而是動力和解脫，一點也不苦，反而感覺更加良好。

「感覺良好」的，若是「自我」，就是逃避、是畫地自限；「感覺良好」的，若是「真我」，就是面對，是海闊天空。一線之隔，天壤之別。

人若發覺「自我」感覺良好，就得馬上有警覺：你一定是待在舒適圈或贏者圈太久了！再繼續這麼下去，人生一定會荒廢的。趕緊帶著自己走出來罷！放下！

7

人生總是「不得不」？

不得不，就是半吊子人生，
對自己的處境既不願面對、接受，又無法處理、放下。

春節期間，好友相聚，聽了不少故事，其中當然不乏無奈和抱怨的情節。

每逢這種時候，常不由自主想起一則經典段子：女婿向岳父抱怨自己老婆，說她常常如此這般，有時居然如此那般……，岳父聽完後回答：「你說的全都對，所以她才會嫁給你呀！」

這段子，道盡了人生：你所遇到的人、所發生的事，當然不盡如人意，但毫無例外的，都「配你剛剛好」！這就是人生實相。

人常感到無奈、或忍不住抱怨，就是因為看不見這個無所不在的人間實相！他們的人生，因此充滿了「不得不」：遇見了這種人真倒楣，但不得不；發生了這種事太離譜，但不得不；進了這家公司太委屈，但不得不……。

不得不，就是半吊子人生，意味著對自己的處境既不願面對、接受，又無法處理、放下，卡在半空中，除了無奈和抱怨，還能做什麼呢？

這種時候，唯一脫困的出路，只有「轉念」。因為不得不的感受，大部分出自未被認真檢視過的念頭。所以「轉念大師」拜倫．凱蒂才會建議，先用書寫的方式，在紙上盡情的宣洩，把各種不滿的想法和不顧後果的做法，淋漓盡致的寫下來，再透過反覆的自我詰問，一一認真檢查。

我對她的建議深有同感，因為人之所以「不得不」，正是因為半吊子，除非真實的全然面對，否則轉念必不徹底，起不了太大作用。拜倫．凱蒂的建議，完全吻合「必須做最壞打算，才可能盡最大努力」的原則，真實不虛。

根據我自己的實踐經驗，通常所有的「不得不」，在經過反覆檢視後，都會看到「一切都是因為我」！抱怨都是因為自己的「不受」，無奈都是因為自己的「不做」，這就是真相。世上所有事，只要甘願受、歡喜做，就沒有「不得不」。

我自己在這條路上走了很久，迄今尚未完全過關。但只要覺察自己升起了無奈的感受、或產生了抱怨的情緒，就告訴自己又半吊子了，又「不得不」了。二話不說，立即轉念。常做「轉念作業」的人，一定能看見：人生真的沒有不得不，只有不接受和不願意，接受了就不會抱怨，願意了就不會無奈。「不得不」真的是人想出來的！以後遇見不得不，轉念就對了！

8

早就跟你說過了！

當我說這句話的時候，想的都是自己，本質上是在搞權力鬥爭。

以前這樣的場景經常上演：有人說他終於想明白了什麼，終於看清楚了什麼，終於體悟了該做什麼，或終於決定了要改變什麼……，我聽著聽著，忍不住冒出一句話：「我早就跟你說過了！」然後，就沒有然後了。

我說的是真話。我真的早就跟他們說過了，而且還說了不止一次，還換著各種法子苦口婆心的說。現在他們終於明白了，我提醒一句「早就跟你說過了」，有什麼不對嗎？我說這句話，是表示我們終於「同一國」了，應該接著上演大和解，或舉辦同樂會才對啊。為什麼他們卻突然變得怪怪的呢？

後來我終於看到自己說這句話背後的心思，不外乎：搶功勞、比高下、乘勝追擊、證明自己對、甚至乘機發洩積怨。這句話聽到別人耳裡，卻變成了：你怎麼這麼差，到現在才想明白；你怎麼這麼笨，講那麼多次才聽懂；現在你終於知道，我比你厲害了吧！唉，我到底在說什麼？

當我說這句話的時候，想的都是自己，完全沒和別人「在一起」，本質上是在搞權力鬥爭，沒把別人的感受放心上。這句話，很容易澆熄別人的熱情、打擊別人的自信、剝奪別人的空間、甚至扼殺了別人難得生發的改變契機。破壞力不可思議！唉，我到底在說什麼呢？

後來我努力「戒」掉這句話，卻戒得很辛苦。有時候話到嘴邊，硬生生吞回去，差一點又犯大錯。直到有一天終於看到，自己想明白的每一個道理、下決心的每一個改變，幾乎毫無例外，都是別人「早就跟我說過的」！

有些話，別人跟我說過千百遍；有些話，別人跟我說了數十年。直到有一天，經歷了很多發生，接受了很多教訓，終於自己想通了，決心改變了！帶著欣喜若狂的心情急於和別人分享，結果聽到一句「早就跟你說過了」，瞬間把人生重大的體悟和轉折，貶低為「遲來的認罪」。有意思嗎？

有了這樣的反思和體悟，戒掉這句話才開始變容易了。**現在我不再說「早就跟你說過了」，改口說「太棒了，我為你高興！」或者「太好了，我們一起學習！」甚至於「太佩服了，我怎麼沒想到！」可想而知，結果天差地別。**

把對讓給別人，把空間還給別人，不僅對人有幫助，更有益彼此關係，何樂而不為？千萬別再說：「早就跟你說過了！」尤其是，對孩子和部屬。

9 好為人師

「好為人師」不僅「耽誤」別人、壓迫別人，也對自己人生造成重大障礙。

直到最近，才看到自己「好為人師」的習性仍在，也因此對「好為人師」有了更深的體悟。

我從小表達無礙，也愛吸收新知，後來進了傳媒業，又做了經營者，養成了對大小事指指點點的習慣。當然更不乏周遭人士投我所好，「不恥下問」於我，「為人指點迷津」於是成了專長之一，我也樂此不疲。

直到幾年前，有緣看到真正「為人師表」的樣子，才明白自己只不過是「好為人師」。無奈積習深重，迄今仍無法戒斷。

我的「好為人師」症狀如下：一、有時根本不管別人需不需要，只因我看不順眼，就強行指教別人；二、有時看到別人有需要，但不管他是否準備好，自顧自的指教起來；三、有時別人願意受教，但我沒弄清楚狀況，就開始長篇大論；四、有時我教別人教得一語中的，別人也很佩服，回去卻根本做不到，徒增挫折而已；五、我還經常指導別人到自己很過癮，把話說到太快、太多、太滿，沒有留下空間讓別人自己想明白、自己下決心；六、大多數的時候，我建議別人去做的事，自己也沒做到；七、最嚴重的是，我常以為自己說完了，別人聽懂了，事情就結束了，根本就沒想到接下去還該為別人做什麼？

可想而知，以上七燈全亮，我無疑是「好為人師」的重症患者。經過三年來的反省修正，如今只是症狀稍輕而已。可見此症之頑強。

我這輩子站上講台當老師的日子，屈指可數，「好為人師」的習性卻無所不在，受害者包括朋友、同事、弟妹、配偶、子女、父母、甚至人生旅途上偶遇的各色人等……可謂「族繁不及備載」。真是慚愧啊！

自從「確診」自己的症狀後，我當然也看到許多同病的「患友」，遍布各行各業不計其數。其中有四種「患友」特別值得注意，就是公職人員、老闆、老師和為人父母者，因為當這四種身分的患友發作時，他們的發作對象可能無路可逃，因而成為最值得同情的受害者。

我的「自我療癒」過程，也不妨說說，供患友們參考。首先，千萬別以為「好為人師」不過是小毛病，它不僅耽誤別人、壓迫別人，也對自己人生造成重大障礙。潛藏其後的，是傲慢自大、自我中心、浮華不實、麻木不覺……這毛病不改，你的人生很可能就「僅此而已」，再也無法前進了。

其次，改正的方法，最重要是先看到自己的起心動念，到底是希望對人有幫助、還是為了彰顯自己？一看到念頭不對，就設法即時轉念、生慚愧心、糾正作為。**如果起心動念真正是想幫別人，必定是從自己的「做」開始修。修到深處，自己的樣子會不同，也必定慈悲和智慧俱足，別人有緣靠近你，你自然知道怎麼做，讓別人生命能前進。這才叫「為人師表」！**

我輩凡夫俗子，不敢奢求為人師表，只要戒掉好為人師，已經功德無量了。

10

「選擇」焦慮

焦慮的來源，與面對什麼處境無關，只與自己的想法有關。

在最近的接觸中，發現陷入焦慮的人越來越多。尤其是對時局的焦慮，更像傳染病似的蔓延，老中青三代皆難倖免。

我自己經過多年學習，在個人處世上，自認已經免疫，但對時局的焦慮，偶爾仍不能免俗。每當這種時候，我常想起十餘年前一個極有啟發的場景，受益良多，願在此分享。

當時我在紐約參加一場弘法大會，現場觀眾數千，全是主流美國人，主講的大師年事已高，遠道而來。因為旅途勞頓，罹患重感冒，他坐在台上不斷咳嗽、打噴嚏，看起來身體相當違和，又操著不是很流利的英文開講，卻始終神態自若、自在歡喜，全場莫不為之傾倒。

事後我有機會當面請益，忍不住問：「您看來感冒很嚴重，又用非母語的英文演講，面對數千外國觀眾的大場面，為何仍能如此泰然自若？」他的回答很簡短，卻讓我終身難

13

因為…所以…然後…

大多數人都成了「經濟達人」，越來越找不到「生活達人」和「生命達人」了。

好友龍應台在屏東陪媽媽，打電話來調侃我。她問：在寸土寸金的台北家裡囤積大量生活用品，是不是很划算？我這個「生活白痴」當然被問倒了，由她這個「經濟白痴」宣布答案：當然划算。然後告訴我，這個不可思議的答案是《商業周刊》「經濟達人」說的，理由是價格越貴的房子，如果住的人越多、囤的東西越多，「相對價格」就越低。

這說法滿實惠的，立刻就讓我想起春節該怎麼過的問題。春節的「價格」，等於當事人日薪平均所得乘以假期總天數，當然收入越高者，春節的「價格」越高。如果要降低「相對價格」，就應該盡可能多安排些活動，把假期給塞滿了最划算。

同樣的推理，也可以用在：付很高的學費送子女進貴族學校，因此子女的學習時數越多，「相對價格」越低；付了高額保險費，看病或修車越多，相對價格越低……。

事實上，大多數的現代人或多或少、有意無意都難免這麼「算計」過。因為活在一個

「經濟掛帥」的時代，很容易染上「用大腦計算價格」的慣性。這些慣性的背後，都潛藏著一個「因為⋯⋯所以⋯⋯然後」的三段論，看起來很理性、很聰明，用起來卻荒腔走板，把你的人生搞得一團糟。

而且，**這些「三段論」彷彿有機體，它們會自行生長、繁殖，發展出一長串「三段論」複合體，然後進行人際串聯，結合商業目的，演化為流行趨勢。流行不只是讓人盲目，還會造成同儕壓力，使不順從者成為「異數」**。

我多年前讀過一個小故事，就講這件事：一個美國中產家庭，沒錢度假，又怕被人看不起，於是向所有人宣布將前往某地度假，大張旗鼓的全家出發上路，然後半夜潛回自家，拉上了窗簾、躲在家裡吃了一個禮拜的罐頭食物⋯⋯。

這故事夠誇張了罷。但在笑之前，也不妨想想，自己有多少事「雖不中，亦不遠矣」？現代社會之大病，就在於把「生產」和「消費」這些事，當作人生頭等大事。弄到最後，大家不但在「生產力」競爭上身不由己，甚至連「消費」也身不由己。結果大多數人都成了「經濟達人」，越來越找不到「生活達人」和「生命達人」了。

如果從「生活」和「生命」的角度看，把「空間」保持「空」，讓「假期」變成「閒」，也許才是最適宜的。而且越「貴」的空間和假期，就越值得這麼做。

假期時，無論你在家或出門，讓自己「空」些、「閒」些，都絕對划算。如果空閒之間，悟出了什麼有關生活或生命的道理，那就等於中了大獎了。

第2章

可以不一樣

1

「半成品」人生

覺知＋接受＋臣服，三者缺一不可。缺了一個，頂多只能活出「半成品」。

日前去逛書店，瞄見一本書名叫《臣服實驗》，二話不說，直接買了。因為「臣服」是我近年來一直在做的功課，卻好像卡住了，沒有明顯進展。得遇知音，自然不想錯過。

這本書的作者叫麥克・辛格（Michael A. Singer），他二十出頭時，因為偶然的機緣，開始練習靜坐，經歷了內在狂喜的體驗，從此成為「不正常」的人，放棄了原本人生的所有目標，一心只想做「瑜伽隱士」。他從此沒有任何世俗追求，同時也不會說「不」，本想就這麼過一生。

最後的結果，是他「隨波逐流」的先做了大學講師、修行團體導師，其後成為建築商，最後創辦了市值數十億美元的上市公司，同時也是世界級暢銷書作者……。而這一切，沒有一件是他設定目標、主動追求的，全部「不請自來」。他人生唯一的追求，其實是做一個靜心的瑜伽士，這也是他唯一堅持、不曾放棄過的。因此他定義自己的人生為

「臣服實驗」。麥克．辛格如今七十出頭，仍然活蹦亂跳的活著。

麥克「臣服實驗」的起點，是**他透過靜心看到自己的念頭，喋喋不休的自我對話，充斥著未經檢驗的「是非、好惡」。這些自我對話和它們勾起的情緒，控制了他的生活和生命。他於是開始練習「接受」，放下自我的是非好惡，「讓生命做主」**。結果，「生命」為他帶來如此意外的人生，讓他心滿意足，充滿感激。

麥克比我大五歲，他分享的人生故事，我讀來處處相知相應，像是兄弟對話，卻又慚愧萬分。因為他讓「生命」引導他活出「全然」，而我卻充其量只算個「在製品」，活成了「半臣服人生」。回顧自己的一生，我在求學的道路上，莫名其妙的文、法、商各念了一科，從來沒找過工作（包括創業），卻完全被動的成為了記者、作者、創業者和人生講師，迄今仍在「隨波逐流」中。我人生的重大決定，從來不是經過慎重思考、嚴謹計畫、認真追求而來，一直都是「意外的旅程」。在這些方面，算是和麥克有些雷同。

但我的「成就」，比起麥克，卻只能算個半吊子。原因就在於沒有完全臣服，只「半臣服」而已。我對生命也有信任，敢於隨緣而行；但在「覺知」和「接受」的修煉上，卻到五十幾歲才真正開始，起步太晚。我在人生經歷中曾看到讓「生命」做主，比「自我」做主，結果好太多！卻仍未下決心臣服於生命，為德不卒。

麥克的故事，清楚的說明了人生大道的配方：覺知＋接受＋臣服，三者缺一不可。缺了一個，頂多只能活出「半成品」。不可不慎啊！

3

人到底要「讓」什麼？難道不是讓出自己的「執念」？

「執念」即地獄

在書裡讀到一段關係的場景：你在餐桌上對伴侶說「早安」，但沒聽到回應。你內在產生干擾，覺得對方不再愛你了。這想法帶來了傷痛，傷痛又帶來評判，投射出一個不真實的對方，使彼此的連結中斷。你因此被禁錮在受限的自我中，導致沮喪、冷漠和怨恨，激發出破壞性情緒和行為……，從此陷入惡性循環而無以自拔。傷痛使你盲目，只看見自己想看的。這樣的戲碼，大家應該很熟悉，因為每天都在上演。

這齣拖棚大戲，角色常更換，但情節從來不變，總是照表操課：發生、解讀、情緒、評判、投射、失去連結、自我禁錮、負面能量、破壞性言行……。這齣戲，有時是內心獨白劇，有時是雙人秀，當然也經常大卡司、大製作。而剛開始時，劇情通常很單純，卻越演越複雜，時間越長，角色越多，就越不明白到底「所為何來」？

存在主義哲學家沙特說：他人即地獄。我的另類解讀是：**你把別人想成那樣，你自己**

就墮入地獄；如果彼此都把對方想成那樣，關係就墮入地獄；如果一群人把另一群人想成那樣，社會就集體墮入地獄。而這些「想」，從來都不是全部的真相。

這一切，到底所為何來？毫無例外的，都是在事件發生的當下，有人「亂想」開始的。一旦有人開始亂想，就引發各種計較，人人拿起自己的一把尺、算自己的一本帳，損益從此不可能平衡。

這念頭一動，就是經典上說的「因地」，從此因果相生、糾纏激盪、共食惡果。所以才說「菩薩畏因，凡夫畏果」，就是要人「善護持」自己的起心動念，慎之戒之。修行人講究的「戒」，最主要的，就是「不要亂想」！這是一切戒的源頭。自古以來，菩薩少、凡夫多，但過去的凡夫，自作自受而已。而當今之世，凡夫特別活躍，形成的「共業」特大。人一旦陷入自我的思維模式、情緒模式和行為模式中，就業力纏身，一群人的業力糾纏，則陷入共業。身處共業的人，對真相看不見、也沒興趣，即使鐵證如山，仍然不信，繼續上演羅生門。

如今又有一種論調：在公眾事務中，可以溫良恭儉，但絕對不能讓。但人人都不讓，每個人都認為「自己是對的」，難道不是地獄？無怪乎美國政治家托馬斯・潘恩說：政治是必要之惡。人到底要「讓」什麼？難道不是讓出自己的「執念」？因為它是一切「對立相」的源頭。必須有人先放下執念，才可能重建人與人的連結，有機會一起從地獄中解脫。誰先做？除了自己還有誰？

4

管好「念頭」

人一生重複最多次的，不是呼吸，而是「念頭」。

時間管理上，一個公認的法則是：應該花時間在「重要的」事情上。這句話大家早就知道，但真的有認真思索：到底什麼事最重要嗎？

我過去直覺的認為，重要的事，當然是影響大的、特別的、以前沒發生過的事。但後來突然醒悟：也許「發生最多次」的事，才是最重要的。

因為一般以為特別重要的事，都不常發生，甚至一生只發生這一次。反而是被我們歸類為「小事」的事，會一直重複發生。這些事，因為發生次數超多，所以最後對人生的影響超級巨大。有了這樣的了解後，我盤算了一下，多數人一生必做的事，到底有多少次？比如說：睡覺約三萬次，吃飯約十萬次，呼吸約六億次……。

這些看似稀鬆平常、無須在意的小事，由於在人一生中大量重複，自然形成其不容忽視的重要性。而在這些「小事」上，因為每個人的態度和習慣不同，經過大量重複累積，必然對人生產生重大影響。所以修行師父們才會對弟子說：「好好吃飯，好好睡覺，好好走路，好好呼吸，」因為這正是「把重點放在要事上」的高效能活法。

接下來，大家一定會問：人生最重要、影響力最大的，到底是什麼事？順著剛才的邏輯，我們要先問：人一生做最多次的，是什麼事？

答案是：想！人一生重複最多次的，不是呼吸，而是「念頭」。多數人一生起心動念的次數，超過百億次。這些念頭，會影響我們的健康，誘發我們的情緒，決定我們的人際關係、事業成敗、人生的方向和意義……。

結論很清楚了：**人生最重要的事，就是管好自己的「念頭」！無論是追求高效能的有識之士，希望自己這一生能「好好過」的人，或是發願利益眾生者，莫不致力於此。所以古今中外的修行者，才把這件事當作「第一要務」。**

要管好一件事，首先要能「看見」。但偏偏念頭瞬生瞬滅，四處游走，既繁且雜，大多數人是看不見的。我回顧自己的一生，花在這「第一要務」上的時間，幾近於零，時間管理效率如此低落，難怪活成了這樣。

我如今的人生功課，是盡可能提醒自己，想辦法看見「自己在想什麼」？尤其是，事情沒弄好，或升起了情緒，甚至身體感覺不對勁，都問問自己：「剛才我在想什麼？」如果人一生要培養一個真正重要的「好習慣」，應該就是這件事了！我自己受益甚多，供大家參考。

5

找回「真心」

置心一處，就能啟用；置於何處，且問初衷。

有年輕人問我，過去的經歷中，什麼事最有收穫？我仔細想想，大半生有高峰、有低谷，曾發生許多好事，壞事也不少，但最終覺得記憶深刻、有感受、有啟發、有收穫的，竟然毫無例外，都是自己「認真」的時刻。無論「認真」是自願或被迫，一體適用；無論「認真」的領域是感情、生活或工作，也一體適用。

正巧近日重讀日本經營之神稻盛和夫所寫的《活法》，完全印證了我經驗。稻盛和夫說，他一生從未定過長期經營計畫，只「充實」的度過今天，就能看見美好的明日，因為「無論是什麼工作，只要全力以赴，就能產生很大的成就感和自信心，讓人更積極的挑戰下一個目標，」他認為這種狀態是「宇宙和人類之間的一項約定」。

事實上，稻盛和夫大學畢業後就職的公司，就是一家隨時可能倒閉的爛公司，老闆無心經營、積欠員工薪資、同事鉤心鬥角、員工紛紛求去……，而他居然在這家公司裡全力以赴的做研究，終於帶來了成果，由此進入良性循環。

我的經驗也是如此。創業之初，由於自己的輕率和無能，把公司搞到一無是處、陷入惡性循環的谷底，卻因沒有退路，最後只好「用心」。沒想到卻從此開創了一段最有收穫的職場高峰。

很明顯的，人生有沒有收穫，其實和發生了什麼「事」無關，只和自己有沒有用「心」有關。世間最珍貴的，只有一顆「真心」（自己的）而已，除此無他。**無論發生什麼事，用真心才不會錯過；無論有什麼疑惑，用真心自有答案；前途茫茫時，真心會帶著你開創坦途；最重要的，用真心的「做」，才不會帶來煩惱、包袱和業障。**

接下來的問題，當然是「心」要如何「用」？這其實是東方傳統智慧的最大奧秘，自古以來的大修行人，可以做到行、住、坐、臥皆「一心不亂」，隨時活在當下。這種境界，現代人可望不可及。所幸，稻盛和夫提出最簡單的方法：「不管怎樣，首先竭盡全力、專心致志、全神貫注於當前分內之事……，這樣，漸漸的在痛苦之中逐步產生喜悅感和成就感……，自然而然就有了大轉變。」

大道至簡，「置心一處」而已。心不用，就不在；置心一處，就能啟用；置於何處，且問初衷。

凡事皆有初衷，經過人事紛雜、昏沉妄想後，多數人都忘了初衷，也就失了真心。要找回真心，「置心一處」於初衷，無怨無悔、不離不棄，就是唯一有效的不二法門了。

7

逆境的三句「咒語」

能帶我轉化心性、走出逆境的，只有三種「心」：慚愧心，慈悲心和感恩心。

大部分人遇到人生逆境，都四處找解方，我也不例外。但回想起來，自己人生的重大突破，多數發生在從逆境走出後。逆境越大，突破越大。

通常小小的逆境，突破的是見識和能力；從大逆境中突破的，則是心性的轉化。因為大逆境千絲萬縷、糾結交纏，講道理、找方法、用資源，都過不去，最後只能轉化心性，才過得去。而心性轉化，最是難能可貴，也必將受用無窮。

在過去經驗中，能帶我轉化心性、走出逆境的，只有三種「心」：慚愧心，慈悲心和感恩心。因為一切發生，必然因緣具足，逆境更是如此。「緣」來自外，「因」來自內，當人從外界遍尋法理，仍然走不出時，只有這三種心，能引領來到內在「因地」，找到間隙走出來。

慚愧心讓人反求諸己，看到有所不足，把自己縮小，帶來突破的動力；慈悲心讓人體悟到自己和別人正在一同受苦，幫助人放下對道理和利害的執著，有機會一起從苦中解脫。這兩種心，都能單獨帶領人走出逆境，但要從逆境中獲益，還需要感恩心。因為沒有感恩，就無法真正得到；只有感恩，才能把逆境變成「逆增上緣」，把帶來逆境的人，變成「逆行菩薩」！因而從逆境中精進。

有句俗話說：跌倒了，不要隨便站起來，要先看看地上有什麼寶貝，撿起寶貝再起身。人從逆境中能撿到的寶貝，莫過於這三顆心。若能三心齊用，必能離苦得樂。這三顆心，當然是人間至寶！

人生是所大學校，我們都是來做功課的。逆境帶來的苦，只不過是比較難修的功課，修過了，得的學分也比較多。重點是：外境苦，內心不一定要苦！逆境現前，境苦心不苦，就是好學生。

面對苦，有三種境界：心隨境轉、心不隨境轉、心能轉境。所以做好學生，必須修心。能修出慚愧心或慈悲心，已經可以「心不隨境轉」了；若再加上感恩心，心能轉境，就離心想事成不遠了。豈不善哉？

這三顆心，用大白話來說，就不過是：對不起！我愛你！謝謝你！如此而已。說這三句話，不需要聰明才智，但要願意老實。我年輕時恃才傲物，吃了不少苦，後來靠這三句「咒語」，遇到沒辦法的事、過不去的人，就「老實持咒」，從此離苦越來越遠了。真的很有用，供大家參考。

8

「叫停」的機制

「叫停」的時刻，不要說話也不想任何事。
因為不會想出什麼好事來。

一位老友跟我分享。前陣子他和老婆有點小摩擦，他對老婆說：「妳剛才那麼說，我真的很受傷，現在我很生氣，我沒辦法不生氣。請你給我五分鐘，讓我自己靜一下，只要五分鐘，我就回來，保證不再生氣……。」我朋友能夠這樣說話，真是令人佩服！

這讓我想起，大部分運動賽事都有「叫停」機制。當教練看到自己的選手狀況不好，再這樣下去就要輸了，一定會叫暫停，把選手叫回來，調整好狀態再上場比賽。這樣的設計，可讓有實力的隊伍，不致因一時失常而失去機會。

其實，在現實生活中，我們每個人都應為自己建立「叫停」機制，叫作「踩煞車」。每當和別人相處出現狀況，尤其是雙方都帶著情緒時，千萬不能踩油門，一定要踩煞車。讓自己有機會把自己「弄好」，再重返現場。

我自己也經常這樣練習。有時聽別人說話，聽著聽著，發現自己不能認同，甚至有情緒升起，無法保持平靜，再這樣聽下去，難免就會和對方「對上」了。我會和對方說：「對不起，現在我狀況不好，建議我們暫停一下，等我把自己調整好，再來聽你說話……。」有時我和別人說話，說著說著，發現對方臉色不好看，再這樣說下去沒好結果，也會比照辦理。

「叫停」的時刻，我不但不說話，也不想任何事。因為我知道，狀況不好的時候，一定會「越想越氣」，不會想出什麼好事來，所以不准自己想。這種時候，我會用深呼吸讓自己平靜下來，和自己的身體在一起，覺察自己的情緒反應在身體的哪個部位，然後把手輕放在那個部位，直到完全放鬆為止。

這麼做，是因為檢視過去的經歷，發現自己狀況好的時候，所想、所說、所做，都效益極高；狀況不好的時候，所想、所說、所做，都沒什麼好結果。所以我知道，**人生的效益，與發生什麼事關係不大，與自己的狀態好不好，相關度極高。因此最重要的，是設法保持自己的好狀態，萬一做不到，至少要設置「停損點」，不能再虧下去，叫作「知止」！這是一門人生的大功課。**

不只是個人，企業也應該這麼做。不妨設置一種機制，每當開會開到大家針鋒相對起來，任何人都有權發出一個約定的信號，讓會議暫停，要求大家各自把自己調整好。甚至可以放一段音樂，大家一起靜心，整合好集體的能量狀態，說一下彼此的心情，再開始討論問題。我相信若這麼做，效能一定大增！「知止」對個人、對組織，都是必備的機制！

11 決定要快樂

你到底要不要快樂？這個決定，超越其他一切的決定。

在一個朋友聚會中，大家討論人際關係的處理原則，一位好友說：「我這個人從不妥協。」接著陳述他的「理論基礎」：「錢要用來幹嘛？不就是用來為自己的『爽』埋單嗎？」接著大家談起有關心性修煉的話題，這位朋友又發話：「你們這些人修來修去，在我看來，都是自找苦吃，幹嘛成天跟自己過不去？」我忍不住接了一句：「修心有什麼用？就是無論發生什麼事，都讓自己不會不爽！」

事實上，這位朋友，很懂得明哲保身，是挺會過日子的有錢人。但因為有太多讓他不爽的人和事，因此平日只在熟人的小圈子裡出沒。在我看來，人生還是未能盡興。至於我呢？自從發現金錢、事業和成就都不一定會帶來快樂後，走上了一條不同的道路，覺得自己的確越來越快樂了。在這條道路上，我最大的發現，就是「快樂」是人可以自己做主的。人生成敗順逆，有太多不如意，但快樂這件事，卻我說了算！在經典裡，稱之為「歡喜心」。歡喜心不同於世俗意義的快樂，因為它不需要條件。

剛開始時，我覺得歡喜心是不斷付出和修正後的結果，事實也證明的確如此。後來覺得這樣還是太慢，不如直接發願「修歡喜心」更快些。修歡喜心很簡單，就是：從今以後，不管發生什麼事，你都決定自己要快樂，歡喜心如如不動！這樣就好了。

如果人生有一個影響最大的決定，那就是：你到底要不要快樂？這個決定，超越其他一切的決定。可惜我這個決定做得太晚。若人生可以重來，我一定選擇從小就決定：這一生一定要快樂！

我的確見過不少這樣的人。撇開那些修行大師外，印象最深的，是力克・胡哲。他出生就沒手沒腳，但我看過他小時候的影片，用脖子和肩膀夾著一顆球投籃，真是快樂無比！可見他一定是從小就決定要快樂的人。如果他都可以，世上還有誰不可以？

決定要快樂以後，怎麼做呢？也很簡單：**只要發現自己不爽，就問自己在想什麼？找到那個導致自己不爽的念頭，直接跟他說「嗨，拜拜」就行了。重點是，別跟它說話，也別跟它握手，尤其不要和它拉扯，直接說再見！**它也許有道理，也許沒道理，那不重要。重要的是，它讓我不爽，而我已決定這輩子要爽，這個決定必須堅持！等確定自己沒有任何不爽時，有空再慢慢聊吧。

快樂很簡單，只是一個決定，但要堅守這個決定，卻要用一輩子來修正和實踐，這過程並不簡單。要不要快樂，你決定了嗎？

12

人人都該改個性

「改個性」是人生最重要的功課，
不分年齡、無論成敗，都應列為第一要務。

「自我療癒」這議題越來越受關注。一般人總以為失敗者或身心有障礙的人，才需要療癒，其實大謬不然。我反而認為，越成功的人，越有必要自我療癒，理由如下：

一、成功動力的背後，很可能是一種補償作用，所謂的「苦大仇深」。苦大仇深激勵人邁向成功，也導致人深鎖創傷，常在成功的背後潛藏著極大的副作用；

二、在現實世界中，成功幾乎成為一種「通貨」，可以用來大量交易，掩藏缺憾、收買人心，讓人「自我感覺良好」，對人生的重大缺陷無知無覺；

三、成功的人通常很有影響力，他們的疏於「自我療癒」，遺禍人間的威力千百倍於常人。

也因此，許多成功者都個性鮮明、風格強烈，大家都認為這正是他們成功的原因，可以公然示眾，大家也樂於成全，當然更不必改了。我過去正是這麼想的，後來經歷一番學習，才看到個性不改，損失太大，造業甚深，活得太不像樣。我如今的看法是：「改個性」是人生最重要的功課，不分年齡、無論成敗，都應列為第一要務，非改不可。

個性可以改？個性如何改？一位密宗法王的開示，應可做為最佳注腳。引述如下：

觀照你的心念，因為它很快會變成思想；
觀照你的思想，因為它很快會變成語言；
觀照你的語言，因為它很快會變成行為；
觀照你的行為，因為它很快會變成習慣；
觀照你的習慣，因為它很快會變成個性；
觀照你的個性，因為它很快會變成命運；
而你的命運，就是你的人生！

這位對生命有深刻了解的智者，用短短幾句話，已經把人生的真相和因緣說完了，而修行方法也呼之欲出。簡而言之，人的命運操之在己。欲改命、運，必先改個性；欲改個性，則須逆流而上，由粗而細，由外而內，順著習慣、行為、語言、思想，回到最源頭處的「心念」。能如實的觀照心念，心念自轉；**心念轉變，思想、語言、行為、習慣、個性，假以時日，皆依序轉變，最後連「運」和「命」都能改。**

個人如此，由許多個人集成的組織，又何嘗不如此？一個組織的命運，也是全體人員（尤其是領導者）個性、習慣、行為、語言、思想、心念的集合體。所以中國儒家講究「物有本末，事有終始」，訂下誠意、正心、修身、齊家、治國、平天下的「知所先後，則近道矣」，主張「自天子以至於庶人，壹是皆以修身為本」。

修身修什麼？「修個性」而已。修個性，重在修一顆真心；修真心，要先打開覺察（觀照），這就是現代人所謂「自我療癒」的精髓。所以說，「個性」是可以改的，人人都該改！

第3章

從認錯開始

4

「怕麻煩」才麻煩

人生有時就得「哪壺不開提哪壺」，而麻煩就是「那一壺」，先得提起，才能放下。

網路時代的「業力」實在太大了。我十年前接受訪問，隨口說了個「三不原則」，結果直到最近還有人不斷提起，都是從網路上看到的。

我當時是這麼說的：經歷過多年的起伏困頓，我如今立身處世有個「三不原則」——不找別人麻煩，不被別人找麻煩，不找自己麻煩。我還說，不找別人麻煩最容易，不被別人找麻煩比較難，不找自己麻煩最難做到……但我好像都快做到了。

我當時這麼說，也的確這麼做。結果多年後，有人問我：你現在有煩惱嗎？我說沒有。再問我：你快樂嗎？我說沒什麼不快樂。繼續問：你真正想做的是什麼？你人生的價值何在？我想了半天，答不出來。

如今回想，我那時其實一點也不快樂，只不過弄得很熱鬧，令人稱羡，就以為人生不過如此，「夫復何求」？而且我說沒有「煩惱」，只不過是覺察很淺，看不到別人的麻煩因我而起、時時逃避別人帶來的麻煩、更不願面對自己人生的大麻煩。

那樣的狀態，是因為自己過去太過率性，惹了太多麻煩，後來怕死了麻煩，以為麻煩你不去「找」，它就不會自己來，或者雖然來了，只要視而不見、逃之夭夭，就沒事了。人生當然不是如此。你在深水區遇到風浪，逃回淺水區，以為可以安身立命，結果淺水區開始退潮，仍然藏不了身。那就是當時的我。

如今的我，開始修「不怕麻煩」。發現其實身外的人和事，都無所謂「麻煩」，麻煩的是自己的念頭。當事情發生，負面情緒由內在升起，頭腦立刻替它貼上「麻煩」的標籤，開始啟動「麻煩處置」反應模式，結果當然是越麻（木）越煩（躁）。麻煩一再重演，正是無意識和逃避的結果，人生就在不間斷的麻煩中停滯、虛耗和錯過。

我發現，麻煩其實是人生的重要線索，它的發生，只不過是在告訴你，你還有事過不去，你還有人生的功課沒修完。順著麻煩的蹤跡，溯源而上，常有意想不到的發現。若能在源頭處找到麻煩的根由而化解之，往往一大片麻煩從此就消逝無蹤，簡直是賺翻了。

有過這樣的體驗，我可以把自己的人生分為幾個階段：不怕麻煩↓很怕麻煩↓不怕麻煩↓怕不麻煩。在人生修煉的道路上，有時就得「哪壺不開提哪壺」，而麻煩就是「不開的那一壺」，先得提起，才能放下。

你的人生處在哪階段？有沒有興趣一起修「怕不麻煩」。

孤單的抱憾以終，怨嘆後繼無人。也因此造成了這樣的荒謬現象：一流人才付出一輩子心血，打造了一番事業，然後交由二流、三流人才去敗壞掉。

說穿了，一天到晚證明自己很厲害，其實是一種病。他的病因是缺乏自信、不知感恩；他的病徵是眼中沒有別人、生命原地打轉，就像被寵壞了、不肯斷奶的小孩。如果四十歲以上還有這毛病，可能是習性難改；過五十還這樣，算是貪念很重；年過六十仍在證明自己厲害，只能稱之為痴愚了。

我自己對號入座，習性難改早已坐實，貪念時常難免，如今只能設法避免落入痴愚了。現在每天必做的功課是：聽自己所說的話，有幾句是「自己厲害」、幾句是「成全別人」？觀自己所做的事，有幾件是「自己厲害」、幾件是「成全別人」？並時時提醒自己：今日有我，是多少人成全的結果，若不把這「成全」傳遞下去，簡直無顏生存於天地之間。

越做這功課，越知道它不容易做，所以才越必須趕緊做，免得白活了一場。我想起「立功、立言、立德」古訓，才明白。立功是自己厲害，立德是成全別人，因此說立德最大。我想起世界上影響最大，志業傳承過千年的人（佛陀、耶穌、孔子），都不是證明自己厲害，而是一心成全別人的人。更堅定了這功課非修不可。

感謝朋友送給我這句「男人也要生孩子」，我才看到世界上真正厲害的男人，原來都最會生孩子，多子多孫，代代相傳。這些男人都像母親：一直把心放在別人身上，享受陪伴別人成長的喜悅，希望看到別人的生命比自己更圓滿。

所有抱怨人才難求、苦惱接班難產的企業領袖，都該自問：是不是太多「厲害」、太少「成全」了？

7 為學日益　為道日損

人生最終的圓滿，算的總帳，不是「日益」了多少，更是「日損」了多少。

多年前，我觀察周圍朋友們的成功之道，發現「了解自己」是關鍵。我曾如此議論：一個真正了解自己的人，知道自己的優點和缺點，因此不難發揮優點、避開缺點，成就當然就比別人大。

這議論的關鍵字，是「避開」。我為什麼不說「修正」，而說「避開」缺點呢？因為我發現自己的缺點很難修正，周圍的朋友們也一樣。即使只是小小的缺點，也其來有自、非常頑強，很不容易改的。更何況，很多人的缺點和優點，根本就是「配套」的。譬如說，衝勁十足的人，就難免不慎思詳慮；溫柔細緻的人，就很難雄才大略。萬一把缺點改了，優點也沒了，豈不成了庸碌之輩。

所以我們經常看到一些死腦筋的人，每天忙著改自己的缺點，又屢改屢犯，結果陷入自責自怨的悲慘境地，連自信也沒有，更別提大展宏圖了。聰明人就不一樣，他「知道」

自己有缺點，但巧妙的「避開」，然後專注在自己的強項上，發光發熱，取得成就，最後大家都看不到他的缺點，只看到他的成就。如此人生，豈不快哉？更過分的是，有些人成就夠大，連缺點都可以大剌剌的公開示眾，自有人代為巧飾。不是說，成功自己會說故事嗎？所以，關於缺點，我用「避開」這兩字，是有事證基礎，不是隨便說說的。在快速取得成功上，它確實是討巧的方便法門。

然而，隨著年事漸長，我又看到了更多「事證」：有些人靠著某一強項，一招半式走江湖，迅速成功，但也隨即碰到了瓶頸，再也無法更上層樓；有些人強項真的超猛，可以一路過關斬將，成就非凡，打下一大片江山，但終有一日「弱項反撲」，闖下了大禍；還有一些人，把優點真的經營得很好，缺點避開得很成功，事業一帆風順、平步青雲，但最後在人生境界上遇到瓶頸，午夜夢迴，覺得自己這一生並不盡興，更別提圓滿了。

有了這點體悟，我必須承認，自己以前所說的，只是人生「小道」，離「大道」則一謬數千里。正如老子所言，「為學日益，為道日損」。**一般人為了追求世俗成就，拚命「為學」做「加法」；但人生的「大道」，卻盡在「減法」之中。要做減法，缺點就不能避開，而必須面對、接受、處理、放下（聖嚴法師語），如此才是「為道日損」。**

人生最終的圓滿，算的總帳，不是「日益」了多少，更是「日損」了多少。這才是真正的「大道」。

9 你改不改？

「發揮優點」只不過在紅海中精益求精，「改正缺點」才是真正在藍海中開天闢地。

我過去只注重發揮優點，缺點則只求「避開」，而不「改正」，結果是讓自己更厲害、更順利，卻難以圓滿。後來了解不能只「為學日益」，還得「為道日損」。

過去著重「日益」時，我給自己打八十分；如今著重「日損」，我給自己打三十分。必須說明，自我評價從八十分降到三十分，是隨著覺察的開啟而逐漸下降的，因此可以預期日後評分仍會繼續下修，不排除有朝一日，自我評分降為零。

自我評分從八十降為三十，感覺如何？坦白說，只有「好極了」三個字。

打個比方，這有如你經營事業，經過長期打拚，終於小有成就，卻發現自己陷入「紅海」：市場飽和、競爭激烈、獲利下降，雖然仍處於舒適圈，卻感覺前途茫茫，無所著力。這種狀況下，就算你給自己打八十分，也不可能有任何興奮感罷。

但若有一天，你終於改變思路，看到了一大片新市場，並且下定決心，調整策略、改造組織、落實執行，讓自己的事業進入了「藍海」。雖然市場占有率仍然很低，執行力度仍有待改善，你只能給自己打三十分，卻深覺信心滿滿、興奮莫名，因為你已經知道如何在藍海中航行，而且看到「新大陸」就在前方。

每個企業經營者都期待擁有一片自己的藍海，人生不也正是如此？就人生的旅途而言，「發揮優點」只不過在紅海中精益求精，「改正缺點」才是真正在藍海中開天闢地。因為**優點多與天賦有關，是老天爺賞飯吃，你不過是在吃老天爺賞的飯；缺點則是真正的功課，而且很可能是上輩子沒做完的功課，這輩子再不好好做，老天豈能由你自由自在、圓滿落幕？**

我自己過去對缺點只想避開、懶得改，就是覺得「強化優點」效益高、又有精神；「改正缺點」則顯得小家子氣、又瑣碎。沒想到開始做以後，感受卻大大不同。如今雖然進展有限（所以才打三十分），卻完全理解為什麼老子說「日益」不過是「為學」，「日損」才真正是「為道」。「為道」的境界，當然不是「為學」可比的。

如果有一天，自我評分真的從三十分降為零分，那又是什麼光景？老子也說了：「損之又損，以至於無為，無為無不為」。聽起來，好像孔子說的「心所欲，不逾矩」，他老人家可是活到七十歲才做到呢，我還差遠了。但我想像，那可能是每天早上一睜眼，就大笑自己又賺到了。

10

試試看認錯吧！

對「認錯」這件事，我是有把握的。我知道它是救命仙丹，而且絕無副作用。

常有人向我傾吐他們面臨的疑難雜症，左也不是，右也不是，所有辦法都用過了，還是無解。對這種問題，我可不敢亂給建議，最後只能說：「試試看認錯吧！」這是我唯一有把握的建議，而且確信絕對不會錯。

我這麼說，是有經驗基礎的。因為自己在事業上最大的轉折，從困境中突破，就發生在我向全體員工承認自己「一無是處」之後。除此之外，在親密關係中，尤其是和孩子的關係，每一次的更上層樓，也幾乎毫無例外，都在我承認自己有錯之後。所以對「認錯」這件事，我是有把握的。我知道它是救命仙丹，而且絕無副作用。

很多朋友的案例，也一再印證「認錯」準沒錯。曾有一位企業老總告訴我，以前他開會，都在找屬下犯了什麼錯，結果總是聽到一大堆通常是藉口的理由，會議往往開到沒完沒了，開完會問題還是沒解決。後來他試著自己先認錯，發現同事也開始願意認錯。如今開會時，大家搶著自我檢討，他只要鼓勵大家一番，會就開完了。而且很多夾纏不休的老問題，好像都自動消失了。

認錯為什麼這麼神奇？我看到了三個背後的原因：

其一，正如不認錯會惡性循環，認錯也會傳染，只要有人開始，就必有人跟進。尤其在上位者帶頭，風行草偃，效果不可思議。

其二，人有錯不認，背後必有執念。認錯能讓執念消融，最後解決的問題就不止一樁，而是把那執念所滋生的問題一併化解了。

其三，很多事情之所以演化成疑難雜症，都是因為背後的因果複雜，糾纏成一團，剪不斷，理還亂。這種時候，所有的解方都難以避免造成進一步的對立，只有認錯才能「破因果」！

認錯雖然有奇效，但仍有必要提醒，**它不能被當作「管理工具」使用。因為做父母的，都希望孩子認錯；做主管的，都希望屬下認錯。但若居上位者自己不能真心認錯，認錯就會淪為「權力行使」的遊戲**。居下位者「不得不」認錯，內心會有委屈感，他們一定會想：「有朝一日」自己足夠強大，就再也不必認錯了。結果，當然是誤會一場！

在我的經驗和理解裡，我知道認錯是人生必修課，而且永遠修不完。它會一直陪我走到人生的盡頭，最後會變成離不開的好朋友。有它相伴，就知道自己還在做功課，可堪告慰。若是發現自己和它久違了，會嚇出一身冷汗，二話不說，趕緊補課去。

我所佩服的王鳳儀先生常說：「認不是，關上地獄門」。真的是這樣！所以認錯應無所謂而為，千萬不能有條件。

豁出去！

許多朋友對我訴說他們人生面臨的困境，情節各自不同，情況卻十分類似，就是既無力突破，又無法放下，卡在纏縛之中，無計可施，無路可走。

他們通常還會分析來龍去脈，對困境的緣由了然於胸，突破困境的對策，也一清二楚。問題是，雖然明白「上策」該怎麼做，卻施展不出來，只能用「下策」因循苟且，而且還一再重複，上演著令人喪氣、毫無希望的戲碼。問他們為什麼會這樣？答案通常是：不是我做不到，而是因為別人會如何……。

這種惡性循環的陷落情境，我一點都不陌生，因為在事業和人生上，都遭遇過。事過境遷，我看到不同的困境表面上南轅北轍，但自己從困境中走出來，卻有一個相同的轉捩點。在那個點上，內心深處跑出一個聲音，只能用「豁出去」三個字來形容。在事業上，「豁出去」就是身敗名裂；在人生上，「豁出去」就是人命關天。但是這三個字，卻不止一次帶我走出死蔭的幽谷。

有這樣的體驗，我對「做最壞打算，盡最大努力」這句話，自然有更深一層的領會。

我清楚的知道，如果不做最壞打算，就不可能盡最大努力。這就是許多人明知「上策」為何，卻用不出來的原因—因為他們還沒做最壞的打算！

為什麼人很難做最壞打算？因為那個「最壞」裡，有你不敢面對、無法承受的底線。簡單講，就是「恐懼」。恐懼限制了你、制約了你、攪亂了你、削弱了你，所以你不能用平常心，做你該做的事，更談不上「盡最大努力」了。

所以心經上才說「心無罣礙，無有恐怖，遠離顛倒夢想，究竟涅槃」。遇事不敢做最壞打算，就是「心有罣礙」；既有罣礙，必然心生恐怖；恐怖會帶來顛倒夢想，哪還能盡最大努力呢？

對我來說，做最壞打算，就是「豁出去」三個字，它代表著全然接受、全然信任、全然臣服，它代表著突破底線、解除制約、放下執著。這三個字，不僅在逆境好用，在順境中也好用。因為在順境中仍有失去的恐懼、沉溺的執著，還是要「豁出去」，才有力量走出舒適圈。

做最壞的打算，好比打地基；盡最大的努力，好比蓋高樓。地基打得越深，樓就蓋得越高。如果你有困境走不出來，如果你有挑戰必須突破，不妨停下來想一想：還有什麼「後果」是你不能接受的？找到它、面對它、接受它，也許一切就從這裡開始，有所不同。

PART II

最高效能的人生

第4章

更好的自己

1

揪出「不願意」

把這些不願意一個個找出來，修成願意，實為人生一大樂事。

前陣子在某教育機構做志工，做到早起晚睡、夙夜匪懈。熟悉我的朋友都很驚訝，因為我從來就不是這麼勤奮的人。

還記得十年前，有朋友問我在忙什麼？我就耍嘴皮子回答：「偶爾還陪伯樂共進晚餐，早起就恕不奉陪了。」伯樂是識千里馬的貴人，可以讓人飛黃騰達。我這麼說，是很驕傲的表態，自己不用求人，也無須勉強自己。但說實在話，活得不是很有精神。

但如今，那個為自己不再早起的我，居然為別人開始早起了。箇中滋味，當然一言難盡。如果問我，最大的收穫是什麼，我會毫不猶豫的說，是學到了「願意」這兩個字。

一個為自己都不願意的人，要為別人而願意，當然是件不容易的事。所以剛開始做志工時，真是時時遇見自己的不願意，拉拉扯扯、沒完沒了。所幸，在志工的環境中，有太多比我願意千百倍的人，讓我半是慚愧、半是要強，輸人不輸陣，也就被帶著一關關的跨越過自己的不願意。弄到最後，有時連自己都被自己的願意感動了呢。

老實說，看到自己有那麼多不願意，剛開始真嚇了一大跳。因為，已經有太長時間，沒有人能勉強我，我也不再勉強自己了，所以根本沒機會看見自己的不願意。或者換個說法，凡我所不願意發生的事，要不是不再發生，就是一發生就被我閃過，根本就不會迎面撞個正著。

如今終於可以好好和自己的不願意面對面，彼此重新認識一下。這一看清楚，才發現**每個不願意的背後，都有很深的習性，每個習性背後都有頑固的執著。而這些習性和執著，在發生的當下，則轉化為頭腦的妄想、身體疲累、情緒煩躁……，等諸多症狀，表面上千奇百怪，背後只有三個字：不願意！**

那些不願意，雖然總是狡滑的聲東擊西、放煙幕彈，想盡辦法躲在暗處，但也有一樣好處，就是一旦被逮個正著，立刻現出原形，消逝無踪，它所製造的諸多症狀也隨之復原。

有機會如此密集的面對自己的不願意，我如今也算半個搜捕不願意的專家。幾乎毫無例外的，在每個妄想、疲累和煩躁的背後，都能找到躲在暗處的不願意。把這些不願意一個個找出來，修成願意，實為人生一大樂事。

我也發現訣竅：要修願意，為別人容易，為自己難；大家一起容易，自己單獨難。若能有一群人都願意，我為人人，人人為我，不難修出個「萬事願意」來。所謂「願力」，就是這麼修出來的。

7

好好求別人

我人生那兩段不求人的日子，沒什麼長進，反倒是求人的日子，自覺頗有斬獲。

近年來，因為在「人生學習」上自感很有收穫，樂於和人分享，常常主動或受邀去拜訪別人，包括好朋友、朋友的朋友，甚至不認識的人，頗有再度跑起江湖、「有求於人」的感覺。

記得小時候，因為家境一般，凡事難以做主，幾乎事事都得求人。事事求人的感覺，當然很差，因此暗自許願，有朝一日能獨立自主，發誓再也不張口求人。出社會做事後，資源條件日益豐厚，終於如願不求人了。沒想到三十幾歲創業初期，公司財務吃緊長達七年之久，身為公司負責人，不得不拋頭露面、四處求人，感覺差到最後竟然麻木了。可以想見，當公司財務好轉，我再度躋身「不求人」階級時，心情有多舒暢了。

這樣過了十餘年「不求人」的自在日子的我，如今再度「求人」，感覺又如何呢？說出來您別不相信，只有四個字：妙不可言！

現在回想起來，我人生那兩段不求人的日子，其實都沒什麼長進，反倒是那三段求人的日子，自覺頗有斬獲。我有一個比方：**人一旦自認不求人，很容易不在意別人的看法，活進「自我感覺良好」的舒適圈。就像是產品即將退出市場，不必再研究客戶需求，不必再研發產品改良了。**套句行銷術語，這叫作「產品生命週期」結束了。

有了這樣的體會，我嚇出一身冷汗。原來我那兩段不求人的美好時光，竟然差點把自己搞到「生命週期」破表了，還毫不自知。

人為什麼會如此麻木？我認為有兩個原因：

首先，「不求人」只是一種自欺的假象。人很容易認為不張口提出的，就不算「求人」，因此用錢可以買到的不算、對方自動送上的不算、兩不相欠的當然也不算……，總而言之，就是約定俗成、自以為是的都不算。想想看，這樣的「認為」，是多麼的褊狹、多麼的傲慢？事實上，身為「超強群居性」的人類，活著的每一天，哪有不求人、不欠人、不需要人的可能呢？

其次，「不求人」導致的不長進，人為何容易無感？因為在不求人的日子裡，事情可能大有斬獲、生活可能多采多姿，旁人可能嘖嘖稱羨，自我可能顧盼自雄…… 哪有人會意識到「生命」其實已停滯不前，懂得即時「順風轉舵」呢？

回顧我自己的「求人」歷史，第一階段是為自己的需要而求人，第二階段是為公司的需要而求人，第三階段是為別人的需要而求人，可說一段比一段更精彩，人生從「見山是山」，終於回到「見山又是山」，真是充滿感謝啊！

您呢？如今是「有求於人」，還是已經「無求於人」？若是有求於人，恭喜您，還沒退出市場，有機會好好改良一下產品；若是已無求於人，更要恭喜您，有機會更上層樓，找個理由，認真求求人罷。

8 「跟隨」讓人突破

生命的限制是「想」，生命的突破是無想的「做」。

前陣子聽到一則動人的故事，深有感悟，願在此分享。

故事很簡單：一位在某領域甚受敬重的領袖人物，在公益團體做義工，當天幹的是粗活，又碰到下雨天，弄得滿身泥濘。收工前大夥來到清洗處所，有一位夥伴拿著水管、不發一語，蹲下來沖洗他的雨鞋。他當時腦中閃過一念頭：「我，幫別人洗鞋，不可能！」這念頭停留了三秒鐘，第四秒鐘他發現自己居然也蹲了下來，為別人洗雨鞋。

這位夥伴分享的故事，清楚的說明了人的生命是如何突破的。他在自己的事業環境中，別說替人洗鞋，連和大夥捲起袖子幹活的機會都沒有。因此，當「洗鞋事件」突然發生時，他錯愕中慣性的想法，就是「不可能」。但他是有覺知的人，三秒鐘後，放下想法，跟著別人一起做，生命在第四秒突破了，那個「不可能」的老我消失了，充滿驚喜的新我誕生了。

我在這故事裡，看到生命的限制是「想」，生命的突破是無想的「做」。但尤其令我震撼的，是其中展現出的「跟隨」的力量。

因為我自己就是一個從不跟隨的人。從小母親教我做家事，她做完一遍給我看，叫我跟著做一次，我小腦袋裡就有想法，偏偏要用自己認為的方式做，屢屢挨打、挨罵也不改。其後在學校裡、在玩伴裡、在職場裡、在婚姻裡、尤其在自己創辦的事業裡，我永遠搞自己的一套，覺得任何事「做得跟別人一樣」，簡直就是奇恥大辱。

對於自己這種特性，我自認為是一種個人風格，是創造力的展現。雖然有時為此付出不小的代價，但也常常贏得掌聲，加加減減，還覺得頗為自豪，至少活出了自己的樣子，算是特立獨行罷。

我看不到的是：無論自己如何發明創造，其實最終還是走不出「自己的一套」，弄來弄去，不過就是那幾套。我當然也並非不懂得吸收別人的優點，問題是，仍然是用自己的認為去吸收，不肯老老實實的先做到跟別人一樣。過去的我，看不到這種習慣背後的傲慢，更看不到它已對自己人生造成極大限制。

直到幾年前，透過學習打開了覺知，才看到有些人活得比我廣寬這麼多，做到這麼多我做不到的。原來，他們之所以如此，只不過因為他們謙虛，他們老實，他們願意「跟隨」。**每一次放下自己，做到跟別人一樣時，他們的生命就突破了，就把別人的優點完完整整的複製了。能跟多少人一樣，就吸收了多少人的優點，生命就在這過程中不斷擴大。**

至於創造力，是在做到跟別人一樣好以後才開始的，是在做到跟很多人一樣以後，自然會發生的。

有悟及此，才明白什麼叫作聰明反被聰明誤，才開始學老實，學老老實實的跟隨，在跟隨中突破自己的限制，才享受到生命突破的喜悅，就像前面故事所說的那樣。

9

「分身」即鏡子

別人視角中無數碎片化的自己，有助我們發現自我的完整拼圖。

許多人的煩惱，來自過度在意別人的看法。有人為了吻合別人對自己的看法，活得特別辛苦；也有人老是想改變別人對自己的看法，弄到大家都不開心。對這件事，我有一些體悟。

首先，人世間最自由平等之處，就是每個人「想的世界」。一個人怎麼說、怎麼做，或許別人還管得著，但他怎麼「想」，世上無人能管。因此，別人怎麼想你，不是你可以管的。因此，每一個你認識的人，生命中都有一個「你」。那個「你」，通常不是真的，是別人「想」出來的，是人們根據自身的慣性和需要，投射出他們生命中的「你」。同樣的，你也在自己的生命中，投射出無數的「別人」，那些「別人」也不是真的。

人間關係的實相，就是：你有千百個「分身」，活在別人的人生裡，同時也有千百個別人的「分身」，活在你的人生裡。這些分身似真似幻，但彼此拉扯起來，熱鬧得很，也

常惹麻煩。了解了這個真相，就不難發現，過度在意別人對自己的看法，是沒有意義的。

再往深處看，我們對自己的了解，難道就一定是真的嗎？當然不是！我們對自己，有太多的不接受、不面對，甚至於扭曲、偽裝，因此往往也依自己的慣性和需要，投射出一個「假我」。這個假我，若依別人心中的「分身我」而活，不累死才怪；這個假我，要和別人心中的「分身我」計較，必永無寧日。而這正是大多數人經常在做的事，除了浪費生命以外，無以名之。

那麼，是不是就我行我素，不管別人怎麼看？倒也不是。因為了解別人怎麼看我，仍然是有用的。

第一個用處，是別人的看法，可以成為我們的鏡子。我們很難看見真實的自己，別人的看法，提供許多角度，幫助我們看見自己看不到的自己。別人視角中無數碎片化的自己，有助我們發現自我的完整拼圖。

第二個用處，是別人的看法，有助於我們找到與人相處之道。別人怎麼「想」我們，他們不說，我們無從得知，往往造成隔閡。我們若善於聆聽、虛心提問，能鼓勵別人說真話。這件事至關重要，有機會讓別人心中那個「我的分身」得以安頓。

總之，別人對我們的看法，無須造成我的限制，更無須造成關係中的障礙；反而可以成為自我了解的鏡子，成為改善關係的觸媒。一念之轉，我們就活進了一個不同的世界。豈不善哉？

10

一切都是最好的安排！

一切都是最好的安排，是指驀然回首時發出的那一句：啊，原來如此！

古今中外的經典裡，常出現一種說法，意思是：「一切都是最好的安排。」這說法意境深遠、令人嚮往，但放在日常生活中求印證，卻難度甚高：明明很多發生的事，真的就是這麼爛，怎麼可能是「最好的安排」呢？

我最近在一個工作坊中，認真檢視了自己的「內在孩童」，對此有不同的看見。

回憶起的畫面，是童年時因犯錯被母親趕出家門，半夜裡蜷縮在屋外牆角，內心翻騰、五味雜陳，懊惱、怨懟、懺悔，全都湧上心頭，處於全然無助的狀態。如今的我，回頭看這一幕，卻突然領悟：原來一切都是最好的安排！

如今的我，看到當年的母親，已經盡力了。她沒受過教育，少小離家，無親無故，隻身撫養我這不甚受教的頑劣小孩，她到底該如何教育我呢？即使帶著深深的母愛和期待，她必定充滿焦慮和無助，再加上不可能有任何奧援，最後只能以最嚴厲、看似無情的方式

對待我。母親真的盡力了。

如今的我，看到當時的自己，也已經盡力了。幼年的我，充滿生命力，對一切都好奇，都想嘗試，明明知道是錯的，也忍不住要經歷一番；明明知道會受到嚴厲的責罰，仍然不計後果。但內心深處，仍感知到母親的苦，感受到斥責棍棒背後深藏的母愛，因此雖膽大妄為，卻不至一錯到底。年幼的自己，也已經盡力了。

如今回看當年的自己，如果在嚴厲管教下完全順從，可能成為一個乖小孩，但人生必然因此受到局限；如果在棍棒之下徹底叛逆，則難免步入歧途。我最後的選擇，是不知不覺變成了「雙面孩童」，在成人的世界扮演「求生專家」，在大人鞭長莫及的天地，則放膽亂玩一通。如此形塑了自己人生的原型，就這樣活了半輩子。因此，成年的我，一直在社會軌道邊緣游走，既不完全守規，也不全然脫軌，如此跌跌撞撞，幹了不少荒唐事，也做出了一些成績。可以說，前半生基本上是照著童年的原型活的。

至於**「雙面孩童」的議題，則成為我後半生的主要功課。靠著自己一步步的學習和修煉，把孩童時期形成的「求生專家」和「放膽亂玩」的雙面人生，透過不斷覺察和整合，重新融為一體**。這過程，也是充滿喜悅和感恩的。如此回頭看，難道不「一切都是最好的安排」嗎？每個人都盡力了，結果也各安其分。除了感謝，還有什麼可說的呢？

一切都是最好的安排，不是指發生當時的那些事，而是指當事人透過不斷修正和覺察後，驀然回首時內心發出的那一句：啊，原來如此！

11

感謝的力量

當人陷入絕境，所有方法都試過，仍然無法脫困時，感恩之心是最終的出口。

當今之世，我最佩服的企業家，非日本「經營之聖」稻盛和夫莫屬。他在經營上創造的「稻盛奇蹟」，無人能及。原因只有一個：他是企業界最認真的修行人！稻盛的修行因緣從何而來？他修行的基底在哪裡？最近我有些感悟，樂於分享。

稻盛少年時，父親帶他到寺廟，住持和尚叫他回家默念：「南無，南無，謝謝（阿里阿多）！」他聽話照做，隨時念誦，就這麼念了一輩子。得人幫助和照顧時說謝謝，從別人身上受到教訓時，更要說謝謝。讓自己一直持住感恩之心，每日謝天、謝地、謝世人、謝眾生萬物。這就是稻盛修行的源頭和基底。

稻盛哲學的「敬天愛人」，就從感恩開始。他在自傳中不斷的說，自己所有成就都是老天給的：「是老天看見我竭盡心力、仍不放棄的身影，才可憐我，出手幫助我的。」他提出的六項精進修煉，也不斷強調：「人活著，就要感謝！」

當世最有成就的企業家，其成功之道，居然是感恩！我一點也不意外。因為我知道，**感恩不僅是人生幸福的最重要元素，同時也是宇宙中最大的能量。人只有在感謝的狀態下，才能真正的「得到」，否則別人給得再多，也收不到。越感恩的人，得到越多，因為他不僅最能「收到」，讓別人想給更多，連老天也給更多。**我還知道，當人陷入絕境，所有方法都試過，仍然無法脫困時，感恩之心是最終的出口。這些都是我人生的經歷和體悟，刻骨銘心！

我同時也知道，感恩必須透過修煉，才能日益精進。它應該成為每個人的日課，每天都對所遇到的人、所發生的事說謝謝。尤其是對自己「過不去」的人說謝謝，才是真正的突破。

突破不容易，我試了很久，有時仍然對某些人說不出謝謝，直到遇見一位老師，他教我四句話：「感謝你在今生讓我遇見你，感謝你為我帶來的看見和學習，感謝你成為我人生的一面鏡子，感謝你認真扮演了自己的角色。」

這四句感謝詞，可以在內心深處對任何人說，尤其是讓你過不去的人。如今，我想到或遇到任何人，只要產生不舒服的感覺，就說這四句話，直到可以面帶微笑想他們為止。

感謝是宇宙間的大能量，是人生解脫和突破的鑰匙，也是必修的日課！

13

站在巨人的肩膀上

人生成就和幸福，幾乎與「智慧」畫上等號，但大多數人卻忙著學別的，不學這個。

我一生得遇不只一位高人，有幸近身觀察，常感震撼：原來高人不僅一處高、幾處高，而是處處都高、事事都高。不得不心悅誠服。

震撼之餘，有些心得想分享。

首先，是許多人所關心的，「成就」從何而來？根據某天才的說法，成就是九十九分努力，加上一分聰明的組合。這說法很對，但也很弔詭，因為有很多同樣也九十九分努力者，成就卻不如天才的萬分之一。

所以那「一分」聰明，顯然才是關鍵。擁有那「一分」聰明的人，總是在做對的事，而且總是把事做對，因此才能把「九十九分」努力，全部用在得力處。如此日積月累，相加相乘，成就乃不可思議。

此外，有那一分聰明的人，能通透「我願」、放下「我執」，因此對所為之事，皆能

「樂而為之」，應眾人邀請而為之。這樣的人，在身體力行上，都像吃了嗎啡一樣，欲罷不能，所謂「九十九分努力」，其實一點也不吃力。

「一分聰明」既然如此重要，那是「生而知之」、還是「學而知之」？

答案是：都是，也都不是。因為它是每個人天生都擁有的，但是不學，就用不到，等於沒有。

講到此處，大家一定知道我說的其實不是「聰明」，而是「智慧」。人生成就和幸福，幾乎與「智慧」可以畫上等號，但大多數人卻忙著學別的，不學這個。人世間的顛倒，莫此為甚。

所謂智慧，其實就是關乎人生成就和幸福的學問，只要學到了，哪怕只有「一分」，都勝過那剩下的「九十九分」，當然值得列為第一優先、而且花九十九分氣力來學。

智慧如何學？「高人」的答案是：讀萬卷書，不如行萬里路；行萬里路，不如閱人無數；閱人無數，不如高手指路。上焉者，當然是四項都做，但如我等凡俗之輩，人過中年，只能用巧門，專注在「高手指路」上了。

高手指路，較通俗的說法，叫做「站在巨人的肩膀上」。大家每天該花最多時間做的事，就是找到你自己所需要的「巨人」，然後把自己弄得身輕如燕，想方設法站上巨人的肩膀。

根據我的理解，凡是巨人，都很喜歡別人站上他肩膀的，而且巨人的肩膀通常都很寬大，上面能站很多人。至於誰能站上去，就靠緣分了。緣分也不玄，有願望、不執著，就是前提。

言盡於此，也就兩句話：人生智慧必須學，必須向高手學。如果你還沒這麼做，就可以說明你的人生為什麼如此這般了。

第5章

家族重修課

1

善根

人生只有生死，只有綿延。能活下來，能傳下去，本身就是意義。

曾探訪母親鄉下老家，找到一本族譜，記載自明初洪武年間，迄今六百餘年，綿延二十幾代的血脈傳承。

由於我自幼孤兒寡母的身世，加上母親已過世十餘年，在思母心切下，獲此族譜，自是感慨萬千，急於在族譜中探尋母系先祖的故事。

無奈族譜記載甚為簡略，除了少數幾位進了「太學」的、少數幾位當了州縣小官的，多寫幾句外，一般的標準規格是：某某人的第幾個兒子，生於何年，歿於何年，葬於何處，娶某氏為妻，生子女幾人，如此而已。若無子嗣，則寫「無傳」兩字，為血脈中的這一支畫下句點。

翻閱著一冊冊的線裝書族譜，上面寫著數以萬計祖先的名字，每人一生數十載寒暑，卻只留下短短幾行字，不禁感慨萬分。好像手上捧著生命的歷史長河，靜靜的流了幾百年，卻什麼也沒發生。人生的意義，究竟何在？

翻著翻著，終於了悟，人生沒有意義，只有生死，只有綿延。能活下來，能傳下去，本身就是意義。

我瀏覽了一遍，六百餘年間祖先的葬地，不過方圓數里間。每家每戶，賴以為生者，不過幾畝薄田，一洼水塘。數百年間，戰爭、饑荒、水災、乾旱……必不可免。這其間，有人生養了十餘子女，卻一、二代間，全數無傳；有人獨子單傳，卻於數代之後，繁衍子孫眾多。

族譜並沒有記載其中發生了什麼故事，因為他們大多數是平凡的農夫。**但生命的長河，本身就訴說了一切：那些能歷經數百千年天災人禍傳承下來的生命，都是合於天道的、都是有德性的。最基本的八個字，就是「勤勞樸實、順天應人」，因為在長時間天災人禍的考驗下，做不到這八個字的，不是活不下來，就是傳不下去。**

體會到這一層，我終於了解「善根」是什麼意思了。大自然用洪水猛獸考驗人，人用齊心協力通過考驗，歷經千萬年，仍能活下來、傳下去的，都在遺傳基因中，具足勤勞樸實、順天應人的「善根」。凡人能被生下來，就有此善根；若善根未能發揚，不是因為沒有，而是因為被遮蔽、被污染。

現代社會科技、商業發達，人為造作無所不在，不免令人納悶，長此以往，人類數十萬年經大自然試煉而來的「善根」，是否仍能綿延彰顯？

在這問題上，我是基本教義派。每當有年輕人問我：未來世界瞬息萬變、不可捉摸，要如何安身立命？我怕「順天應人」這四個字太深奧，難以領會，就改成八個字送給年輕人：勤勞樸實、善解人意。我說，未來這樣的人太稀有，任何老闆看到了，都會兩眼發亮，用心栽培的，不愁沒出路、沒發展。

2

「做」才有影響力

自己能有這樣的一生，完全是母親「苦肉計」全面奏效的結果。

我一直認為自己是個特立獨行的人，凡事都搞自己的一套，幾乎不受別人影響。因此每當有人問我：什麼人，或什麼人說的什麼話，對我影響最大？我往往想不出來，只好找些名人名句來搪塞。內心卻總認為，誰說的哪句話能影響我一生？不可能！

直到二〇一〇年，透過明師的引導，重新整理自己的人生，看到自己之所以變成現在這樣子，是受到哪些際遇、習性、行為、念頭……的影響？一路溯源而上，赫然發現，真正影響我一生的，只有一個人：母親！

我這發現用「赫然」兩字，是因為過去一向不認為如此。我打出生就是沒有父親的「遺腹子」，因此母親同時扮演「嚴父」角色，施行「棍棒下出孝子」的教育，造成我早熟式的叛逆。面對我這不受教的兒子，沒讀書、不識字的母親，哪能影響我一生？所以我這輩子都一切靠自己來。這就是我過去的想法。

長大後，讀了幾本教育心理學的書，甚至還沾沾自喜，慶幸自己在母親如此「不合理」教育方式下成長，居然還沒變壞，還事業小有成就，還懂得反哺盡孝，真是太不容易了。不用說，我有這念頭，當然就只能活出「表面謙虛，實則桀驁不馴、目中無人」的樣子了。

我如今看到的是：自己能有這樣的一生，完全是母親「苦肉計」全面奏效的結果。她是真正的大師父，以肉身布施，成全了我。若不是她，根本就不會有今天的我。

母親影響我的策略是這樣的：她從不放棄任何機會，證明並說明，她苦難而屈辱的一生，唯一的原因，就是沒讀到書；她人生唯一的寄望，就是她的兒子（我），能讀好書，為她揚眉吐氣；她從不放棄任何機會，用強有力的行動和恐嚇的言詞，向我證明，不好好讀書，我的人生會立刻墮入地獄。母親的名言是：學問（本事）裝進肚子裡，別人搶不走，是真的，其他都是假的。

母親說到做到，她真的用自己一輩子的苦，來證明一個沒讀書的人，就只能活成這樣。她當然也成功了，讓我這個自小淘氣、叛逆、花樣百出的小孩，從來就不敢在讀書這件事上脫軌，也不敢在「學本事」這件事上放手。

想起母親用自己一生的「苦肉計」成全我，而我只不過活成這副德性，還沾沾自喜，真是無地自容啊！

有了這樣的了解，我對一個人如何影響別人，如何被別人影響，當然也有了不同的認識：重要的，不是你講了哪句話，而是你講那句話之前之後，你對自己做了些什麼？你對別人做了些什麼？只有當這些持續性的、出於靈魂深處的、帶著愛的能量的「做」，與「說」完全吻合時，那樣的「說」才具備真實的影響力。除此之外，根本毫無影響可言！

3

「貴人」正解

絕大多數人一生的第一個貴人都是母親，可惜許多人忘得一乾二淨。

友人送我一套曾仕強教授談胡雪巖的影碟，其中有一段話讓我深受啟發。眾所周知，胡雪巖一生遇貴人無數，是他白手創大業的主因。曾教授問：誰是他一生最大的貴人？一般人都會說左宗棠、王有齡，但是曾教授的答案與眾不同。他認為，胡雪巖的母親才是他最大的貴人。

胡雪巖少年喪父，母親不僅含辛茹苦撫養他，並且以身作則，不時叮嚀他做人的道理，讓他終生受用無窮。譬如說，母親教他「不是你的東西，不要拿，」而他正是因為拾金不昧，才有機會從牧童變成了糧行夥計，開啟了他走向「紅頂商人」的第一步。其後人生歷次轉折，率皆如此，總離不開母親教他的做人道理。

曾教授認為，財富和機會都是兩面刀，水能載舟，亦能覆舟，因此帶給你這兩樣東西的人，並不一定就是貴人。但是做人道理，卻有益無害、用之不竭，能帶來這寶貝的，才是真貴人。

曾教授的說法，其理至深。但在真實人生中，這樣的貴人並不常見。因為講人生道理容易，但要人聽得進去難，聽了之後信受奉行更難。**要達到聽而能信、信而能行的效果，這講道理的人，非得是「貴人」不可。這樣的貴人，必須具備三項條件：其一，有無條件的愛；其二，有無限的耐心；其三，能樹立榜樣而潛移默化。**

中國的古訓：幼兒養性，童蒙養正，少年養志，成人養德。能在人的一生最適合養性、養正、養志、養德之時期，具備前述三項條件而成為「貴人」者，除了母親還有誰？無怪乎曾仕強教授說，絕大多數人一生的第一個貴人都是母親，可惜許多人忘得一乾二淨。真正的「祖上積德」，就是有個明理的母親，而且子女懂得領受。

推而廣之，曾教授這「貴人論」，當然也可用在企業領導上（請注意，我沒說管理）。領導的精髓，就在於要做部屬的「貴人」；領導的前提，就是先領導自己；能夠被領導，則等於做了自己的「貴人」。

而一般人，如果「祖上無德」錯過了母親這個大貴人，日後還想遇貴人，就得靠機緣。我的看法，主要機緣有二：其一是遭逢重大挫折而知所悔悟時，其二是立大志向而自知不足時。善於領導者，必定懂得利用機緣，挫折可遇不可求，立志卻能因勢利導。也因此，立大志、知不足，就是做自己的貴人。能自貴者，人恆貴之，是貴人之大道也。

4

誰能教出好孩子？

教出好子女，不是靠資源和條件，而是靠德性。

一位白手起家的朋友和我分享他的故事。他事業有成，生活多采多姿，太太常教育兒子要以父親為楷模，無奈兒子卻無心向學、無所事事，父子關係有如一個屋簷下的陌生人，讓他十分懊惱，卻無計可施。

後來他經歷一番學習，突然看到：自己家門口停著價值千萬的跑車，過著優渥的生活，叫兒子如何生出奮鬥的動力？自己事業如此成功，太太又整天叫兒子學爸爸，但在如今的社會環境下，兒子究竟有幾分機會追上父親？會不會恰巧是兒子既無需要、又沒機會趕上父親，所以才變成這個樣子？原來，這一切都是自己造成的。

這位朋友後來決定賣掉跑車，把公司交給別人經營，空出時間投身公益做志工。如今父子關係變得無話不談，兒子似乎也找到了自己的人生方向。

這位朋友的故事，讓我想起了另一位朋友。他出身貧瘠的漁村，父母一無所有，含辛茹苦的撫養十個孩子。他自小看到父母的艱難，發願要改善家族窘境，如今成為大家佩服的專業人士。幾年前，他父親過世，他帶著兒子辦喪事，告訴兒子：「我這一生最大的驕傲，是能做你阿公的兒子。」

這兩位朋友的故事，似乎是我們這個時代的縮影。**我們的上一代處身如此匱乏的環境，卻能養出遠比他們本身更有成就的子女，並且贏得子女的尊敬；我們這一代擁有這麼豐厚的資源，卻很難培養出和自己一樣的子女，甚至還得不到起碼的敬意。至少在教育子女這件事上，我們比上一代差太遠！**

為什麼？到底發生了什麼事？

答案也許出人意料的簡單：我們是看上一代吃苦長大的，下一代是看我們享福長大的。我們這一代人，很容易因成功而自鳴得意，因優渥而樹立不好的榜樣，欠缺了上一代的謙遜和樸實，這就是問題的癥結。教出好子女，不是靠資源和條件，而是靠德性。答案再清楚不過了。

台灣如今當權的這一代，成長於樸實卻充滿機會的環境，那是上一代所留下的；但我們留給下一代的，卻是充滿誘惑、但欠缺機會的環境。看到這一點，怎能不心生慚愧？怎能不反省改過？

我那兩位朋友，一位看到子女的苦是自己造成的，一位看到父母的苦成就了自己，他們都是時代的先覺者，值得大家學習。

己。

- 不公平：小時候自認沒有被公平對待，一輩子都覺得別人對自己不公平，非常在意「公平」這兩個字。
- 抱怨：小時候覺得自己命不好，別人命比較好，因此一輩子都嫌自己命不好。

以上舉例比較偏負面，正面的劇本大家可以類推。但總而言之，劇種類型並不多，表面上五花八門，追根究柢，不過就幾類。

這些故事，我聽到冷汗直冒，因為在別人的故事裡聽到了自己的一生，看到了自己個性和習性的來由，有如按圖索驥，簡直神準。由此想起中國傳統教育裡的「童蒙養正」四個字，再也揮之不去。

原來我們在童蒙時期（大約三歲開始）心中的念頭，竟是如此強大，強大到足以影響一輩子，而當事人卻渾然不覺。最重要的，不是我們童年發生了「什麼事」，而是我們當時「怎麼想」。

童蒙時期，正是孩子脫離全然「用心」在活，開始練習「用腦」看世界的階段。通常孩子快樂時是不「想」的，不快樂才開始「想」，而且「想」和「感受」合一，特別有力量，「想」了幾次後，就變成真的了。如果把「想」說了出來，受到打壓，通常會「地下化」，進入深層意識，人生劇本於焉成形。

有了這樣的省思，再看到當今教育對「童蒙養正」如此的無意識，對諸多現代人生的悲劇，深覺因果了然。

還好，根據我個人的經驗，「童蒙養正」這一課是可以補的。對自己，可以先不忙著賣力演出，停下來想想自己的「人生劇本」究竟是怎麼寫的，回到源頭處，修修劇本再出發。對下一代，可以用陪伴和提醒，幫他們找到煩惱來源的「念頭」。「念頭」有一樣好處：如果你清楚看到它，把它和清明的感受連結，它就自動「正」了。

7

從「家族業力」中解脫

孝順的「順」，就是接受、尊重和感恩，是面對家族業力的大功課。

有許多人帶著各種問題來找我，從夫妻、子女、人際關係、健康、金錢到事業，不一而足。經過抽絲剝繭，卻發現問題的源頭，總和原生家庭脫不了關係。

曾聽一位老師說過，一般人若無覺察反省的功夫，大約人生的七〇％都活在「家族業力」糾纏中，頂多只有三〇％的空間，可以活出自己。這說法和我的經驗及觀察差不多。

所謂家族業力，主要反映在受父母影響的成長經驗中，包括代代相傳的集體意識、價值觀、行為模式、性格特徵等等，最後移轉到人身上，成為命運主旋律。這些業力，有些是資產，也有些是負債，必須有意識的清理和修習，才能完全繼承資產，並從債務中解脫。

在我的理解中，**發現清理家族業力，主要有三把鑰匙：接受、尊重和感恩。接受父母的全部，尊重父母的命運，感謝從父母得到的一切，而且要謹守下對上的分際、不踰越，才能畢盡全功。透過接受和尊重，才能從家族業力中解脫，不受債務纏身；透過感恩，才**

能承接家族資產，帶著祝福活出自己。

清理家族業力的重要性，超乎一般人的想像。許多人健康、關係和事業發生了問題，總往外在找原因、求解方，卻看不到問題出在自己內在意識和行為模式上，當然更看不到家族業力的巨大影響。但我親眼目睹許多人透過接受、尊重和感恩，圓滿父母關係後，人生全方位脫胎換骨。樣本眾多，真實不虛。

在我自己身上，也有一段特別的經歷。我親生父親，在母親懷我時意外身亡，自小無父。近四十歲時，才透過各種緣分，回到父親出生的老家，認祖歸宗，並略盡綿薄，照顧先父老家親族。這事發生的當時，我正值人生谷底，諸事不順，無一安頓。但事過境遷後驀然回首，發現自己人生由谷底翻身，恰巧就始於認祖歸宗之時。冥冥中的巧合，於我自是感受良深。

從未見過生父的我，要如何面對呢？我能做的不多，只有：「接受」自己有母無父的人生，「尊重」父親英年早逝的命運，「感謝」父親人生的缺席，讓我可以全然的活出自己！透過這樣的清理，我對父親盡孝的方式，就是連結父系親族，把父親放在心中重要的位置，並設法讓子女也把他放在心中重要的位置。

中華文化以孝道為核心，是對人生的深刻理解。孝順中的「順」，就是接受、尊重和感恩，是面對家族業力的大功課。這功課不好好做，極可能業力纏身，沒機會活出真正的自己。此事干係重大，不可不察！

8

「愛」與「樣子」

年輕人不想變成我們的樣子，
提醒我們該看看自己到底弄成什麼樣子了？

常有朋友抱怨，家裡的孩子難溝通、很叛逆。他們的說法通常是：「明明有道理的事，又是為他好，他偏偏不聽，真不知該怎麼辦？」這說法我再熟悉不過，因為小時候長輩們就是這麼說我的。

如今我勸朋友的說法是：也許你該想想看，他是否感受到你的真愛？他想不想變成和你一樣？如果一個你不想變成和他一樣、又不覺得他真心愛你的人，對你長篇大論、又叫你做這、做那，你會聽他的嗎？答案再清楚不過，不用再懷疑。

同樣的情境，搬到職場也通。有些主管認為八〇後的年輕員工難溝通、又叛逆，企業高階主管對他們如臨大敵、束手無策，稱他們為「史上最難管的一群人」，和多數人家裡發生的事不是很像嗎？

我聽過在北京創業、當年二十五歲的婁楠石這麼說：「現在社會太缺乏愛，我想把自己的公司變成很有愛的組織。」、「如果我們這一代人做得比較好一點，或許可以改變上一代的一些氛圍。」

看到了沒有？年輕人看到上一代人不懂得「愛」，也不想變成上一代的「樣子」，因此想用他們的做到，來改變上一代的我們。有關家庭的一句名言「孩子是父母的鏡子」，放在企業也適用，可改為「員工是老闆的鏡子」，尤其是八〇後的年輕員工。用感恩的心向孩子學習，是父母最該做、卻最少父母做到的事。企業老闆和主管們也一樣。

年輕人不想變成我們的樣子，提醒我們該看看自己到底弄成什麼樣子了？有關這件事，談細節會引起太多爭論，我建議直接談底線：「人能在地球上活多久？」所以命題只有兩個：其一，如果我們（如今的掌權者）照上一代的方式活，人能在地球上活多久？其二，如果下一代照我們的方式活，人能在地球上活多久？答案應該爭議不大：如果我們按上一代方式，或下一代不按我們方式活，人都能在地球上活更久！

誰闖了大禍？誰該向誰學習？難道還不清楚？當今世界的掌權者，比過去世代和下一代人都更不懂得愛，不夠愛自己，不夠愛別人，更不夠愛地球。然後大家居然在抱怨「下一代很難管理」，在研究「如何領導下一代」。

別鬧了，老闆和主管們，最需要改變的，其實是你自己。開始慚愧，開始反省，開始學習，開始虛心接受「被領導」罷！除了贖罪和改過，我們其實沒別的事可做。也許有一天，當組織裡的年輕人開始覺得你付出了真心，開始覺得「變成你這樣子也不錯」，他們就會和你在一起了。

9 進食順序

這規矩應該至少傳了數千年，叫做「倫理」。沒想到在我們這一代，竟然就要失傳。

有朋友來家做客，因與我女兒相熟，開動用餐時就要先夾菜給我女兒，女兒說，要爸爸先用她才能用。朋友很驚訝，我說這是家風，他說已經很久沒見到有人這樣教小孩了，這回輪到我驚訝。

這小事分享一下，也有個說法。記得我看動物頻道時，動物學家在介紹動物社群關係，尤其是權力結構時，有一個相當重要的名詞，叫作「進食順序」。意思很簡單，吃東西的時候，誰先進用，誰就是老大。這件事攸關重大，弄錯是會闖大禍的。

我對「進食順序」的學習，來自母親的家教。自我有記憶起，用餐時，長輩不坐下，我不能坐；長輩不拿筷子，我不能拿；每一盤菜，長輩沒夾過，我不能伸手。這是天條，若是違反，當場就得吃梨顆（頭部遭重物敲擊），因此根本連違反的念頭都不會生起。

有關家教，這只是冰山一角。其他還有：伴行時要走在長輩左邊、慢半步的位置；入座時，要等長輩就坐才能坐，長輩起身要立即跟著站起；有長輩從屋外進來，坐在屋內的我要立即起身；長輩說話時，不能眼望他處，也不能直視其眼，要注視其臉下方位置……，總而言之，這些全是母親教的。

我母親出身鄉下，沒讀過書，不認識字，我想她教我的，一定也是她小時候在家裡學的。可見當時的社會，無論城市、鄉間，無論受什麼程度的教育，這是做人起碼的規矩。這規矩以人傳人，應該至少傳了數千年，叫做「倫理」。沒想到在我們這一代，竟然就要失傳。

回想起來，母親教的「倫理」，對我一生還真是受用。我雖自少年起，就嚮往西方文明的多采多姿，更喜歡講道理，認為有理走天下，因此養成好辯的習性和桀驁不馴的個性。但由於家教已自小「內化」在我的行為中，使我的個性顯得比較內斂。

最後的結果，是我在一些「恃才傲物」的優秀青年中，顯得比較有禮數，因此頗得長輩之欣賞。於是，自讀書時代、到進機構任職、到合夥創業的生涯歷程，我從來就不缺長輩的貴人。這樣的幸運，多多少少，是來自母親自小教導「進食順序」所致。

我常聽朋友說，「我們這一代，是孝順父母的最後一代，也是孝順子女的第一代。」說這話的口氣，像是有些無奈、還有些抱怨。**我卻認為，即使自己不需要，也要設法讓孩子孝順父母，因為這是孩子的需要，否則他們長大既不知感恩、又不懂規矩，一生都遇不到貴人，注定要辛苦了。**若是嫌教孝順太沉重，就先從進食順序開始罷。

10

活得比父母「大」？

雖然有意願、也有能力回報父母，
卻忍不住想用自己認為「對」的方式，企圖改變父母，

父母難為，是當今很多人的共同苦惱。

好像現代人越來越不知道該如何「為人父母」了。嚴管嚴教行不通，講道理不管用，「愛與包容」又不知分寸如何拿捏，左支右絀，無所適從。甚至於，有些職場婦女，為了陪伴孩子辭去工作，回家當全職母親，還是弄不好，簡直無路可走。

大家都說，現在的孩子活得很自我，還沒到青春期就道理一大堆，他們的世界父母看不懂，簡直就像外星人，活得比父母還「大」！

每逢這種時候，我都會仔細問這些「為人父母」者和自己父母的關係。結果發現，大部分人其實自己也活得比父母「大」，而且對這種「大」，往往無知無覺。

原因是，我們活在高速成長的時代，普遍教育程度高於父母，擁有的財富和成就高於父母，也自覺觀念見識比父母更「先進」，和父母的關係，往往「孝」而不「順」。大家

雖然有意願、也有能力回報父母，卻忍不住想用自己認為「對」的方式，企圖改變父母，沒有耐心聽父母的「教誨」。

這種狀況是自然發生的，表面上看來，也相當正常，因此很容易看不見問題所在。但若設身處地，試著從孩子的角度看，就不難發現，副作用其實很嚴重。

孩子在成長過程中，看到自己的父母比祖父母厲害，還常常告訴祖父母該如何做，好像父母比祖父母「大」。他耳濡目染形成的念頭，自然是「子女一定要活得比父母大！」這樣長大的孩子，他們「效忠」家族傳統的方式，就是一定要活得比父母「大」。而孩子處處依賴父母，他要如何活得比父母大呢？顯而易見的出路，就是尋求「外援」，從同輩團體和父母勢力範圍所不能及之處（通常是網路世界），獲取資源，武裝自己，以便活出自己的「大」。

孩子在意識深處想要活得比父母大，正是現代人「父母難為」的根源。解方只有一個，就是我們自己要活得比父母小！無論父母是什麼狀態，都要把自己的一切歸功於父母，把父母放在上位，在父母面前把自己變小。這件事做不到，你的孩子一定會活得比你更大，難怪沒辦法教的。

因為時代快速變遷，現代人和自己的父母、子女，好像活在三個截然不同的世界，「父母難為」似乎是宿命。但大自然的定律，就是「父母大、子女小」。嚴守此一定律，**是唯一的出路。不這麼做，就是自找麻煩！**

11

盡孝即「進化」

以孝道做為核心價值，
其實是最具可能性、並且效益最宏大的一種設計。

在中華文化裡，孝道一直是「普世價值」之首。我年輕時，認為孝順是應該的，也是自然發生的，但儒家文化把它搞得太刻意，強調到有點誇張。

尤其是「天下無不是的父母」，甚至於「以孝立國」，似乎陳義過高、脫離現實。直到近年來重習中華文化，聽到明師的一句註解：孝之極致，是子女用自己的做到，圓滿父母的「無不是」。這句話，猶如醍醐灌頂，開啟了我對中華孝道文化更深的體悟。

原來，父母當然有「是」、有「不是」，但一個孝順的子女，卻必然能承襲父母的「是」，彌補父母的「不是」。這樣的子女，當然成就和德性都能超越父母，並且反哺及歸功於父母，證明了父母的「無不是」。

若舉國之民，皆能奉行孝道，則為人子女者都潔身自持不逾越，發揚父母的優點，改正父母的缺點，國民素質如此之高，豈能不「國之大治」？「以孝立國」又何難？

進而推之，民族以「孝道」為核心價值，當其深入人心，成為普遍行為準則時，等於是一種精神層面的「進化論」。若人人皆以「光宗耀祖」為念，豈能不一代比一代更優秀呢？

在大自然界，綿延養育後代，本來就是最重要的基因。因此父母養育子女，是天道，無須刻意提倡教導；但子女孝順父母，則是人之所以超越其他動物的「進化觀」，必須標舉為核心價值以發揚之。以孝道做為核心價值，其實是最具可能性、並且效益最宏大的一種設計。因為一個不感恩的人，很難自助天助，很難成就圓滿，而表達感恩最適切的對象，當然非父母莫屬。

以孝道做為感恩實踐的核心，是最貼近自然律的進化觀。有了這番理解，我對老祖宗「一以貫之」的智慧五體投地，對自己孝道有虧深感慚愧。更體會到，讓子女孝順，雖非自己的需要，卻是為人父母者無以逃避的責任。因為凡人不知孝順，必不知感恩；不知感恩，則人生難以圓滿。欲子女人生圓滿，必先教之以孝。

孝道傳承，身教重於言教。最簡單的方法，就是孝順父母，做子女榜樣。這裡有一處弔詭：大家都說孩子是未來主人翁，因此傾全力不讓他們「輸在起跑線」上，卻不知「教子莫如教孝，教孝莫如侍親」。越是愛子女，越應孝父母做榜樣，這才是為人父母之正道、之大道！

最後再說一句，在當今世道下，為人父母者要靠「自力」教孝，其實很辛苦。政治領袖常提倡「幸福經濟」，其實「幸福」不一定非「經濟」不可。一個政府能讓社會「孝道」抬頭，人民幸福會加幾分？值得好好想想。

第6章

還在學活好

1

學「不講道理」

抓住道理不放，是我心性成長、事業發展和人生圓滿的障礙。

親密關係一直是我人生大功課，其中一個過不去的關卡，就是太愛講道理了。有時候，明明關係已經出問題，彼此都在受苦，我還是抓住道理放不下。最後的結果，當然是「贏了理，輸了人」。而且那個「贏」了的理，不過自以為是而已。

這樣的慣性，我過去是這麼合理化的：既然是自己人，自然要「說真話」；如果有誤解，必須「講清楚」；如果對方有偏差，更有義務「曉以大義」；即使只是有疏忽，也一定要善盡「提醒」的責任。

可想而知，我如此「好為人師」，在親密關係中，很容易產生距離，難以圓滿。後來年事漸長，明白在關係中不能講理，只能用情，卻總沒辦法改到徹底，一不小心，又講道理把人惹惱了。

也曾試著反省，自己為什麼如此放不下道理？找到的原因是：因為我一輩子都靠「講道理」混飯吃！大學時代，當過辯論校隊的教練，在媒體工作，以評論家自居，創業成為經營者，自然總是我在指導同事，後來還四處演講、做老師、當顧問……，一貫的「以理為生」。像我這樣的人，要放下吃飯的傢伙，談何容易？

但我為什麼會成為以理為生的人呢？直到最近，我才終於看到了根源。那是自己童年時候的一幅畫面：母親的嚴管嚴教天羅地網，常在責罰後，繼之以說教，幼小的我感覺自己一無是處、一無所依，又不能和母親頂嘴，只能在肚子裡和母親「辯論」，她口頭上說一句，我肚子裡頂一句。「抓住道理不放」的功夫和習性，因此練就，化為安身立命的最終依靠。以講道理謀生的事業傾向，由此而來；親密關係難以跨越的障礙，也由此而來。

看到這幅童年時代的畫面後，我為自己的不受教，深深向母親懺悔，重新感受她嚴教背後的大愛，也接受了自己幼年意識深處的無助、軟弱和叛逆。其後每逢關係中出現「不以為然」，我都設法讓這幅畫面浮現，**以如今成熟的我，超越那禁錮於幼小心靈中的習性，重新學習用「感同身受」取代「咄咄逼人」。自此之後，親密關係成為一門樂於學習的功課。**

我也發現，抓住道理不放，其實不只是我在親密關係中的障礙，也是我在所有人際關係中的障礙，更是我心性成長、事業發展和人生圓滿的障礙。而且如今的社會，「講道理」蔚然成風，好像已經成為一種時代病，影響到從家庭、到企業、到社會、到政治的所有層面。抓住道理不放，不是個人小問題，是時代大毛病！

4 學「聽話」

不聽話的人，心中只有我，沒有人，一定會活得很累。

我最近在學「聽話」，學了才知道自己有多「不聽話」，才知道「聽話」有多重要。

先講自己的「不聽話」。如果把「不聽話」的症狀分為五級，我一定是第五級，也就是「好為人師」級。病症如下：一、別人還沒開口，我就知道他想說什麼；二、如果是熟人在說話，三分鐘我就請他「說重點」，五分鐘就問他「結論是」；三、如果說話的是長輩或「貴人」，我只好耐住性子假裝聽，但肚子裡意見一大堆，還得控制表情以免被發現；四、我偶爾會認真聽別人在說什麼，目的是為自己接下來「發表高見」找題目；五、如果場合由我主控，別人說話時我經常打斷、插嘴或接話。

總而言之，我只聽自己想聽的，而且隨著自己閱歷豐富、見多識廣後，能值得我一聽的「人」或「話」，當然就越來越少，少到幾近於零，等於把「聽話」這件事，變得日漸與我無關。其結果，是多數人除了必須「請教」我以外，不會把心裡的事告訴我，少數人

（我無法阻止的）則日復一日在我耳邊嘮叨著同樣的事。這症狀嚴重罷！更嚴重的是，我居然渾然不覺，還自認「不聽有理」，怪那些說話不值得我聽的人，說得不夠精簡、不夠精彩、不夠明理、不夠深度……。

開始學「聽話」以後，才知道自己過去的人生有多糟，不僅看不見別人在做的事，感受不到別人的心境，更不可能從別人的經驗中學習，基本上等於沒有「和人在一起」，只活在自己的知見之中，完全沒有「活在當下」的感受，生命也因此不再前進。簡單說，「不聽話」和缺乏同理心、目中無人，是可以畫上等號的。不聽話，就是只用腦袋在活，沒有用心在活。不聽話的人，心中只有我，沒有人，一定會活得很累。

我怎麼學聽話呢？**只有一句口訣，就是：用心聽！當別人在說話時，練習不插嘴、不妄斷、不「心不在焉」，把別人說的每一句話，結結實實給聽進去。**對我這種「不聽話」的五級重症患者，這當然是門難上加難的大課。修的方法也很簡單：不斷的提醒，不斷的練習，不斷的做到，久而久之，習慣成自然。

開始這樣學聽話後，我漸漸聽到了許多過去聽不到事，聽到了說事人的感受，聽到了人和事背後的因緣，聽到了別人和自己的合一，偶爾也聽到了「活在當下」……。我漸漸也發現，許多事不用說，也不用做，只要用心聽，就已經圓滿了。原來別人只是需要說，需要我用心聽，如此而已。感受到「聽話」的好處，享受到「聽話」的樂趣，雖然我還在學習中，已經知道自己不會再回到從前了。

5

學「說話」

要用到語言，已經是萬不得已，
若再口若懸河，就只能算「造口業」了。

有朋友聽說我在「學說話」，不免詫異。因為我自小就是愛說故事的孩子王，大學曾任辯論校隊教練，三十歲後就經常演講，十餘年前還被封為電視名嘴過……，為什麼年近耳順，才開始「學說話」？

答案是，我最近遇到高人，才知道自己不過是「會說自己想法的」，那叫「愛說話」，不叫「會說話」。

我的「愛說話」症候群如下：一、常常說到興起，如入無人之境，停不下來；二、常常「指教」別人的，都是自己不願做或做不到的；三、有時說到「鞭辟入裡」，卻發現聽的人表情很痛苦；四、有時對方也覺得我說得對，他卻做不到；五、偶爾聽的人照我說的去做，結果卻並不怎麼樣；六、最嚴重的，當然是被情緒或妄念帶著去說話，說完了才覺得自己莫名其妙。像我這樣的人，不趕緊學說話，顯然必將繼續成為社會亂源。不學茲事體大。

至於我遇到的高人是怎麼說話的？也有幾點：一、別人不問，不輕易說；二、必要說的時候，只說幾句話；三、說的時候，整個人都「在」，而且把心放在聽者身上；四、說話留下很大空間，讓聽者自己去想明白；五、所說的每一句話，都是自己正在做的。

這讓我想起聖奧古斯汀的名言：「我們應當隨時隨地傳播福音，但是，唯有必要，方使用語言。」原來，「學說話」的重點，是先學「不用說話」。正如福祿貝爾所言：教育之道無他，愛與榜樣而已。要用到語言，已經是萬不得已，若再口若懸河，就只能算「造口業」了。

依此我把「說話」大分三類：為我說，為事說，為人說。當然下焉者是為自己的情緒、過癮或企圖而說，中焉者是為事的達成而說，上焉者是為人的圓滿而說。練習的方法也很簡單。首先練習「不說」，多聽、多看、多做，非到萬不得已不說；其次練習「少說」，能用一句話說完的，絕不用兩句話；最後練習「為人說」，說的當下要不斷覺察，自己到底是為我、為事、還是為人而說。

我必須承認，像我這種不會說話的反面教材人物，學說話真是門大功課，十次說話能有一次覺察，十次覺察能有一次做到，就很不容易。如今大膽公布我正在「學說話」，就是要請諸親朋好友不吝賜教。

6

學「讚美」

讚美豈是「說好聽話」那麼簡單？
它本身就是透過助人而修行的大法門。

現代人，無論是職場修煉或為人父母，專家都教大家要善用「讚美」的力量。許多人依法奉行，蔚然成風。

我個人倒是對讚美這件事，一直有所保留。尤其是年輕一代的「草莓族」現身職場後，我更直覺的認為，可能是他們的父母濫用讚美教養子女的後遺症。

我這麼想，當然與自己的成長經驗有關。我們這一代的成長過程中，多數父母、老師、上司都不習慣讚美。自然而然，也就認為做好分內之事，是理所當然；做得不夠理想，受責罰也是理所當然。可想而知，這樣長大的我，當然不太習慣讚美。偶爾被讚美，常常不知所措；要對人給出讚美，除非功績卓著，否則不輕易為之。在讚美這件事上，可謂欠學。

近年來，經歷一番學習後，我如今看到有關讚美的四種情況：第一種人，執著於自己的個性或習氣，看不到別人優點，吝於讚美，自是不可取；第二種人，為了自己的好處，用讚美激勵或操控別人，雖然暫時有效，副作用卻難避免；第三種人，突破自己的限制，常能欣賞別人的優點，並且真心表達，人我皆大歡喜，境界不俗；第四種人，對生命有透徹了解，以助人為職志，常能帶著「覺性」恰如其分的讚美，為別人的生命帶來滋潤和啟迪，這才是讚美的最高境界。

我的確見識過這樣的「讚美大師」，**他的讚美，不為滿足他的自我，也不為滿足你的自我，而是給出你靈魂當下最需要的養分。這樣的讚美，觸動到你生命中幽微、甚至尚未完全覺察的部分，給你溫暖和支持的同時，讓你立刻感受到自己仍有不足，仍須精進。**給出這樣讚美的人，就像能聽到你內心微弱而模糊的聲音，把它清晰而堅定的說出來，讓你知道自己很好，還可以更好。

這樣的讚美，讓人立即回到生命的實相，感受到振動而向前行，是不折不扣的「法布施」。什麼人可以給出這樣的讚美？首先，他當然是一個無我的人，因為無我而能與人「同在」；其次，他必然是充滿愛的能量的人，才能以「愛語」給出別人的需要。

讚美豈是「說好聽話」那麼簡單？它本身就是透過助人而修行的大法門。要成為「讚美大師」，其實就是走一條修行的路，修的不是方法、不是技巧，而是「無我為人」。有興趣做「讚美大師」嗎？開始修罷！

7 學「感恩」

用自己的一把尺，衡量何人、何事應「知恩圖報」，不過是另一種頭腦的計算遊戲。

我一直自認是個「知恩圖報」的人，對別人的幫助，總會想辦法回報。甚至十餘年前，自認狀況較寬裕，還特地進行了一趟「感恩之旅」，找到了些失散多年的「童年恩人」，一一拜訪、表達感謝，以免遺憾。

直到最近，對「感恩」有了進一步的學習和看法，才明白過去用自己的一把尺，在衡量何人、何事應「知恩圖報」，不過是另一種頭腦的計算遊戲，仍然是自我膨脹的副產品，不脫「我執」的範疇，離真正的「感恩之心」還有十萬八千里。總的來說，我的問題是感恩的廣度和深度都不夠。

在廣度上，為什麼我認為有些人和事不必感恩呢？原因不外乎：一、我認為這成果是我靠自己本事辛苦掙來的，不知道該感恩誰；二、我認為那是別人該做的，而且大多數的別人都這麼做，不適用於感恩的範疇；三、我認為彼此的對待，是約定俗成的「交換」，各盡其力、各取所需，誰也不欠誰。

在感恩的深度上，我的不足更是嚴重。我看到自己在童年受「父母之恩」時，就沒有完整而深刻的感動，因此日後受人之恩，也僅止於頭腦的感知。這樣的感恩，只不過是生命外圍「事」上的付出與回饋，**因為沒有用「真心」感受，因此受與施、施與受，都沒有到達生命的核心，無法帶動生命前進。這樣的錯過，只能說是白忙一場。**

可想而知，一個在感恩的廣度和深度上都不足的人，當然也不知如何「施恩」了。我自認是個「偏善」的人，從無害人之念，常起助人之心。但每每在「助人」這件事上，做得很不到位，做得很沒感受，也常助人而無好結果。如今才知道，因為自己對「感恩」體驗不夠深，「助人」也往往淪為表面，仍然停留在「腦」而不到「心」，又是白忙一場。

開始學感恩，才知道感恩太重要了，重要到學不會感恩，這輩子就白活了。因為我終於明白，不懂感恩的人，無論表面上有多大的成就，看起來多麼光鮮亮麗，根本就不可能幸福，等於什麼也沒「得到」：不感恩，就不珍惜；不珍惜，就無所得。無怪乎在《秘密》一書中，教大家想得到什麼，就先假設已經得到，而且要用感恩之心為之。因為「感恩之心」其實是生命中最強有力的能量，其中包含了謙遜、覺察和智慧，並且和幸福亦步亦趨。

感恩的最高境界是：生而為人，就為一切感謝。這門功課的福報如此之大，功德也如此之大，能不學嗎？

8 學「信任」

一個人不可能不相信自己而相信別人，
更不可能不信任別人而得到別人的信任。

一位英文老師，三十五歲創業，花十四年成就世界級的創新企業集團，並且交棒給飯店服務員出身的左右手。

阿里巴巴董事局主席馬雲的這一頁傳奇，不折不扣是世界級，問他如何做到的，他說來說去，卻始終圍繞著兩個字：信任！

這答案和一般人認知相去甚遠，難免以為馬雲唱高調；就算相信他說了大實話，也不知這樣的「成功秘訣」要怎麼運用在自己身上。

我卻知道他在說什麼，因為他所說的，和我自己的生涯歷程完全相印。

總的來說，我半生沉浮於「信」與「不信」之間。回頭一看，凡處於「不信」狀態時，總是低潮、混亂、複雜、看不到希望；凡處於「信任」狀態時，卻是安定、清晰、簡單、對未來有把握。這狀態與順境或逆境無關，而與自己當時的生命狀態有關。

這樣的因果循環，屢試不爽，但身處其中時，卻仍然當局者迷。因為人的習性，總是要追求複雜的、高深的解方，顯而易見的簡單答案，卻常視而不見。

依我的了解，「信任」是一種不能分割的生命品質。一個人不可能不相信命運而能相信自己，也不可能不相信自己而相信別人，更不可能不信任別人而得到別人的信任。追根究柢，**信任最終的源頭，來自對命運的「臣服」。擁有完整的信任，就是回到了生命的源頭，能夠聽到內心深處的呼喚，得以處身亂局險境、或面臨誘惑而仍有定力。**

其實，這樣全然的信任，是每個人與生俱來的生命品質。可惜的是，多數人在人生旅途中，日漸遺忘或封藏，以至無法再「受用」。這過程，當然事出有因，簡單說，就是每一次付出信任而沒得到好結果，卻是一次考驗，考驗人願不願意繼續信任。

我個人的「信任損益表」，曾經赤字累累，慘不忍睹。但一次又一次，帶著所剩無幾的資本，繼續付出信任，給自己、給別人、給命運，最後終於學會了用信任創造雙贏，讓損益表全面翻轉，把信任變成了人生最大的資產。如今的我會說，信任像聚寶盆，你想要多少就放進多少，它永遠加倍奉還。

馬雲想必同意我這說法。事實上，他的傳奇事跡，不但發人深省，而且打破了不少迷思。許多人誤以為成功是向外求，有公式、有方法、有巧門，但馬雲的故事，說明了成功要回到自己身上找。他找到的是信任，把它發揮到極致，造就一片王國，還能瀟灑交班。

大道至簡。豈不然哉！豈不然哉！大丈夫亦若是。

9 學「面對脾氣」

能夠感同身受之後，
我也可以自在的陪伴別人宣洩憤怒，讓他們更快平靜下來。

過去我自認脾氣還不錯，很少與人惡言相向或起衝突，在極少見的情況下，急起來頂多咄咄逼人或拉下臉來而已。所以我把脾氣好視為自己的優點。

可惜這優點卻有「罩門」，就是碰到脾氣壞的，就沒轍，正因為自己不愛發脾氣，所以弄不明白為什麼有人愛發脾氣。每當有人發脾氣，我就覺得尷尬，不知如何自處。如果別人發脾氣是衝著我來，我的對策通常是和稀泥、息事寧人，然後迅速脫離現場，想辦法把這事忘掉。

很顯然的，我這做法十分不「究竟」，也解決不了問題，說好聽是獨善其身，實則十足鴕鳥心態。

近年來我試著面對這功課，看看自己能否對發脾氣「感同身受」。結果大出意料之外，**我竟然在愛發脾氣的人身上，看到了自己所沒有的優點。原來有些人儘管愛發脾氣，**

卻真心待人、古道熱腸，而且對人從不放棄，即使一見就有氣，仍然不掉頭而去。

我在他們身上看到了自己，雖然號稱脾氣好，自認為豁達、瀟灑，但潛藏在背後的卻是傲慢和冷漠，對人的基本態度，是合則聚、不合則散，最怕拉拉扯扯、夾纏不休。比起某些愛發脾氣者，他們對人對事的鍥而不捨，遠非我所能及。

看清楚了這點，我對脾氣壞的人不再避而遠之，他們偶爾發發脾氣，也不再那麼讓我難受，我開始可以和脾氣不好的人相處相交，也因而對脾氣這回事有了更多感受。

很多時候，我在發脾氣的人身上，接收到求救訊號，看到他們是在氣自己，氣自己無用，氣自己莫名其妙；另一些時候，我甚至在他們的狂怒中，感受到對人的信任、和帶著期待的深愛……。在日漸能夠感同身受之後，我也可以自在的陪伴別人宣洩憤怒，讓他們更快平靜下來；甚至於，我還學著在他們發脾氣的當下，不再和稀泥，想辦法說他們能聽的真話，免得白發了脾氣而毫無所獲。

這麼做了以後，收穫最大的還是我自己：我終於不再介意別人生氣，不再避開容易生氣的人，我的「罩門」消失了，人生寬廣了。

最大的收穫，是我終於找到自己「假裝」好脾氣的緣由。我看到自己從小面對脾氣不算太好的媽，她用她的方式愛我，我卻接收不到，總想逃得遠遠的。經過了數十年，母親已過世很久，我卻透過自己的改變，接收到了她的愛，圓滿了母子關係，解除了自己的禁錮。感謝啊！

10

學「說對不起」

就算是「對」，還是擔「不起」；
就算知道「對不起」，還得有慈悲、有智慧，才能做到。

一位老友和我分享：終於學會說「對不起」了。

故事如下：日前他和兒子開車經過某十字路口，碰到紅燈停下，兒子對他說：「當年就在這個路口，你罵我功課不好，一定考不上大學，不如去做乞丐……。」我朋友早忘了那件事，而且兒子後來也念上了好大學，心想，自己過去脾氣的確不好，既然兒子仍耿耿於懷，二話不說，立刻道歉：「對不起，爸爸當年不該……。」

聽完朋友這番「今是昨非」的告白，我敬佩恭賀之餘，心裡卻覺得怪怪的。想了一會兒，忍不住說：「你做爸爸的能跟兒子說對不起，真是了不起。但我覺得道歉詞若能改一改，可能會更好。」他問：「怎麼改？」我說不妨這樣講：「爸爸當年一定是沒做對，害你被罵不服氣，而且還記那麼久。爸爸向你道歉。」我說，罵孩子不一定錯，罵到他不服氣才是錯，而且教孩子懂得反省和原諒，也很重要。我朋友點頭稱是。

接著我想起，自己上一次很「出名」的道歉，是代表《商業周刊》為「水蜜桃阿嬤」事件公開道歉。當事件發生時，媒體沸沸揚揚，同事也群情激憤。我花了很大力氣，終於說服同事：「我們就算對九分，至少也有一分不周到……，而且台灣媒體和政治生態如此惡劣，一旦被有心人抓到小辮子，就再也沒機會說清楚任何事了。」第二天，我在記者會上鞠躬道歉，同時捐了兩百萬元給「水蜜桃阿嬤」（違反我們做公益不針對特定當事人的一貫原則）。從此，《商業周刊》最受好評的「一個台灣．兩個世界」年度專題，暫時走入了歷史，同事們對公益報導和活動，開始戒慎恐懼、舉步維艱。

回頭看那次的道歉事件，從設定「停損點」的公關作為看，應該是正確的選擇。但從長遠影響看，其實大家都是輸家。道歉的意義何在？能不能讓下一次變得更好？坦白說，就算有機會再來一次，我還是不清楚該怎麼做。

我審視自己的「道歉史」，歸納出四種境界：**一、克服自己的個性，有錯就說對不起；二、克服自己的執著，就算自認有理，還願意說對不起；三、只要對方需要，隨時可以說對不起；四、人我兩忘，只為大家以後都能更好而說對不起。**

中華文化真是太有智慧了：就算是「對」，還是擔「不起」啊；就算知道「對不起」，還得有慈悲、有智慧，才能做到啊。「對不起」哪有那麼簡單？

我對老友「下指導棋」，講的是「對不起」的最高境界，但我自己常做不到。我覺得，如果世人有半數能做到前三種「對不起」境界中的任何一種，就世界大同啦！

11 學「不計較」

這個暗地計較的小人經常進行「秘密審判」的勾當，從不蒐證。

我一向自詡是謙謙君子，不介意吃點虧，而且頗能「大人不記小人過」。直到若干年前，透過覺察的修煉，才發現這表面的君子，深處藏著一個小人。當君子大而化之、事過則忘時，小人就拿起小本子，用自己的一把尺，記自己的一本帳。若「某人」居然一犯再犯，小帳本裡記得密密麻麻，小人就會把帳本攤開，一直念：「已經仁至義盡，真是夠了！」這種時候，「緣分到此」的念頭就會油然而生，那「某人」就不知不覺變成拒絕往來戶。

這過程十分隱密，操作多年後，已熟練到神不知鬼不覺，才讓我理所當然的自認是個不計較的人。可想而知，當我逮到這小人幹的這些勾當時，簡直不敢置信，震驚不已。

正因為一切都遮掩在「不計較」的冠冕堂皇下，這個深藏不露、暗地計較的小人，行事既魯莽、又粗糙。他經常「秘密審判」，從不蒐證，不傳當事人，就自行宣判「微罪不起訴」，記「前科」一筆。待前科累積夠了，又自行加重刑責，仍然不容辯解。

這秘密進行的勾當，顯然距我平日行事準則甚遠，不必懷疑，多年來累積的冤假錯案，罄竹難書。不知多少的人生緣分，因此而斷送，最大的受害者，說到底還是自己：居然活成了一個計較的人，還渾然無知。

一個暗中計較的人，表裡不一，造成生命能量的無謂消耗，無法自在暢快的活。一個計較的人，與人總保持距離，不僅錯過了人間的緣分，也同時錯過了自己的功課，活成自我設限的人生。

看到自己的計較後，當然就開始做功課。第一步是鎖定那計較的小人，每逢「我不與你計較」的念頭升起，往往能活逮這小人又偷偷記帳，立即加以制止，並勒令交出帳本，付諸一炬。這麼做後，「破案率」日漸提高，那小人也慢慢安分起來。其次，一有空就重審過去的冤假錯案，該認錯的，該賠償的，盡量去做，至少在內心為他們平反。最後，也終於能「平等對待」那些被我認為「很計較」的人，不敢再以「非我族類」視之。

自從做了這些功課後，覺得自己和人更有緣分了，活得更真實自在了，還看到了不少過去看不到的人生風景。真是值回票價！

12 學「助人」

助人是一種很深的修行，修到好時，求助者和施助者的生命同時轉動。

「助人」是人生的大功課，我這功課一向做得差，直到最近才有些體會，願在此與大家分享。

先說說「成績單」罷。我助人的績效，一言以蔽之，幾近於零。最常發生的現象有三：其一，某人帶著問題A來找我，後來發現其實是問題B，解決了B之後，才看到問題C更嚴重，不對，問題D才是關鍵……，最後A、B、C、D纏在一塊，忙了半天，仍然無解；其二，幫某人解決了某問題後，過了一陣子，他又帶著同樣的問題來找我，如此一而再、再而三，沒完沒了；其三，某人帶著某問題而來，說這是他唯一的難題，如果解決了就雨過天青，結果難題處理了，他仍然水深火熱，一點也沒好。

可想而知，就這樣的「助人史」，相當乏善可陳，既不光榮、也沒樂趣、更無成就感，說得直接點，連「感受」都沒有，只能用「一無是處」來形容。

經過反省後，發現原因不外乎：一、來求助者，通常不知道真正問題之所在。正如一位大師所言：「他們在害怕的不過是條繩子，而他們認為那是一條蛇……，他們的受苦不過是惡夢，痛苦都是虛假的。」這樣的忙要怎麼幫？二、我自己助人的起心動念，多半都是心軟、應付、討好、內疚、逃避、責任、應該……，既不夠真，也不夠深，怎麼可能有好結果呢？

我還看到了一件事，就是幫人忙而為德不卒，很可能耽誤了人家。就像是孩子功課不會做，跑來找父母，父母不可能幫他把功課給做了。因為幫他做了，他自己不用做，就永遠不會做了。父母不會這樣對待自己孩子，因為有愛，所以用心。而我們竟然會如此對待求助者，真是不用心到極至。

我如今了解到，凡發生的事，都是人的功課，人只有透過做功課，生命才能前進；只有生命前進了，同樣的事才不再發生，或即使發生也不再困擾或煩惱。而且，多數造成麻煩的發生，都已經是「結果」，通常「原因」都不在這些發生裡，而在更深的源頭處。只有帶著自己回到源頭處，「結果」才會消失。

有了這樣的了解，我明白**真正的助人，只有不斷的修自己，修自己的起心動念，修自己的生命境界。除非你的生命境界能在別人問題的源頭處，你的起心動念是出於愛，你的生命能量足以轉動別人，否則很難真的幫到人。**

助人是一種很深的修行，修到好時，求助者和施助者的生命同時轉動，其實已分不清

我，居然把有緣相遇、甚至福禍相倚、默默付出的人，都視為人生旅程中的陌生過客，生怕不小心記住了他們的名字，就捲入了別人的人生，打擾了自己的旅程。原來我如此「目中無人」，所以才把自己變成了過客，永遠回不了家。

有了覺察，生起了慚愧，當然就得改。習性深重，欲改不易，首先得「轉念」。**我於是開始練習，不再把任何人視為「過客」，全部視為「家人」。「家人」能於此生相遇，就算一面之緣，從此各奔東西，也應格外珍惜；「家人」能再度相聚，彼此打一聲招呼、換一個眼神，也是一種幸福。**

自從轉念之後，這兩年來，算算我好像多記了幾百人的名字，自覺頗有進步。但日前遇見一位朋友，才知道自己還差得太遠。

這位老兄生意做得不錯，公司有兩千餘員工，但他原本只叫得出幾十位員工的名字。他受到我所佩服的高人影響後，開始學習「關心人」，短短幾個月，就叫出八百多人名字。這過程中，他聽到了許多原先聽不到的話，看到了許多原先看不到的問題。下定決心、著手整頓一番之後，他如今每天進公司，都像回家一樣，有著被家人需要、為家人付出的熱情和自在。他的事業，不再只是賺錢工具，員工也不再只是「工作」夥伴，而他也蛻變為一個回家的男人。

重點當然不僅是「記名字」，而是與人對待的起心動念。你待人如家人，你就在家；你待人如陌路，你就是過客；若人經常都在過客中，這一生就算沒回家，這世界也不是你的家。我如今了解什麼叫「天下一家」，這與別人無關，只與自己有關。你心中容得下多少人做家人，你在這世上的家就有多大。至於我呢，就從再多記幾個名字做起吧！

有朋自遠方來

近年來，心中常跳出過去讀的《論語》片段，體悟卻完全不同。

譬如說，《論語》第一篇的第一句話：「學而時習之，不亦說（悅）乎。」當年讀的時候，覺得是老師騙學生用功的八股，嗤之以鼻。如今我的體會則是：看到別人活出的樣子，藉以修煉自己心性，慧命日益增長，歡喜心油然而生，這才是人間至樂。

原來孔老夫子用他的人生體驗，說了大白話，我卻錯過至此。真是慚愧啊！

接下來的第二句話：「有朋自遠方來，不亦樂乎。」當年也覺得稀鬆平常。如今的解讀則是：在人生修煉的道路上，一人獨行難成就，須與同道相切磋。而同道難求，有人不遠千里而來，與之共修，緣分殊勝，其樂無窮。

《論語》開篇兩句話，把人生說完了。人生首要之事，只有一個字：修；次要之大事，只有兩個字：共修。一個人能走上這條人生大道，還有人相伴而行，即可離苦得樂，解脫煩惱。原來如此！

走上這條路的人，會活成什麼樣子？接下來第三句話：「人不知而不慍，不亦君子乎。」一個人能活成君子，內在滿足而篤定，周圍有共修共事之人，因此不受世俗毀譽影響，可以在雜染環境中安身立命了。

這三句話，是有次第的。人要先下決心修身，才會吸引同道；有同道共修，才足以超脫外物而不改其志。這三句話，倒過來看也沒錯。如果一個人受世俗毀譽影響，就該回頭看自己，是否欠缺共修的同道？如果看到自己沒有同道共事，就該回頭問自己：是否發心真修實練？

經典是用來印證的。這三句話，對活在當世之人，有什麼用處？

如今的社會環境，媒體及網路連結無所不至。但在「同溫層取暖」之人，多數都勇於詆毀他人、妄發議論，幾乎無人自修、共修，卻人人都期待「被別人看見」，難怪大家如此「不悅」、「不樂」！論語的頭三句話，用來檢測當今「社會幸福指數」的源頭，可謂「神預測」，也說明了「日光之下無新事」，古今中外，人心略同。

世事變遷如此巨大，老中青三代同感徬徨，到底如何離苦得樂、安身立命？孔老夫子的兩句話「學而時習之」、「有朋自遠方來」，難道不是對症下藥的解方？如果孔老夫子活在今天，我猜他仍然會說那句話：「吾黨之小子狂簡，斐然成章，不知所以裁之！」

PART III

跟人在一起

第7章

職場的修煉

1 發憤忘食　樂以忘憂

人要能歡喜做，關鍵是「重新定義」自己的工作內涵，從中找到對自己和他人的意義所在。

前陣子出差海外，九天行程從早到晚滿檔，卻在落地第一天就感冒。我心想不妙，因為接下來的八天，從早到晚都要奔波各地、主持活動，必須全神貫注，否則會辜負用心籌備的夥伴。

既已箭在弦上，只好自我轉念：若是臥病酒店，看來一時半刻也好不了，不如豁出去，反正最壞的結果，就是在活動現場不支倒地，那也算鞠躬盡瘁了。

心念已定，第二天就帶著口罩隨大夥上路了。沒想到，就這樣從早折騰到晚，一天接著一天，感冒症狀不但沒有加劇，反而不知不覺中消失。到行程最後幾天，我居然又生龍活虎起來。

這次經歷，讓我有很深的體悟：原來生病也必須得到我的允許！就好比疾病來敲門，卻發現主人不在家，忙別人的事去了，它敲了許久門，覺得自找沒趣，只好自己走開。那次以後，我出門辦大事，再也不擔心身體不適了。

我拿這故事和朋友分享，他卻表達質疑，說他身邊很多朋友，非常投入工作，卻累出了一身病，身體都拖垮了，得不償失。

他說的，確實是普遍存在的現象。我於是搬出孔夫子當救兵：「發憤忘食，樂以忘憂，不知老之將至……。」我說，孔夫子這段話，是現身說法，傳授養生秘訣。人要健康長壽、青春永駐，必須發憤忘食，同時樂以忘憂。最好「發憤忘食」的那件事，本身就足以讓人「樂以忘憂」，這就是「不知老之將至」的秘方。

朋友接著問：但是許多人的工作只是為了謀生，或是滿足別人的期待，那又如何樂以忘憂？

我說，重點來了。**人工作當然有需求必須滿足，但若只是滿足需求而「不得不」工作，就把自己活小了，自然談不上樂以忘憂。所以「甘願受，歡喜做」，才是一項重要的人生修煉**。人要能歡喜做，關鍵是「重新定義」自己的工作內涵，從其中找到對自己和他人的意義所在。有意義了，歡喜自在其中。若是已經盡力，卻無論如何都找不到工作的意義，那就該換工作謀生了。

我一直相信，任何工作都和人的需求有關。但「事」只是緣分，讓人有機會一起「做」，在「做」中能否找到意義，則決定於人的念頭。念頭對了，感受就出來了。一個人若能讓自己做到發憤忘食，樂以忘憂必隨之，「不知老之將至」的境界，亦不遠矣。

事，圖得不過就那幾種感覺，玩得不過就那幾場遊戲。

我問：「小孩們在玩什麼？」是不是玩著玩著就你一「國」、我一「國」？然後就開始我這國和你那國不一樣，大家開始招兵買馬起來，想辦法玩得比別國熱鬧、比別國好玩。然後好玩的那一國就越來越強大，想加入它就得準備更多的玻璃珠、橡皮筋來討好孩子頭⋯⋯。

我告訴年輕記者們，當你走進一家企業，仰望高聳的大樓、走過昂貴的地毯、壁上的名畫、權勢人物的合照、穿著套裝的秘書⋯⋯最後見到老闆。這些事物在告訴你什麼？告訴你：我這國很熱鬧、很好玩，要跟我玩，代價可不低。

在談判桌上呢？老闆們總是閒聊，從來不熱中談生意。閒聊中總是說：「生意太多做不完，」「太忙了人生也沒什麼意思，」⋯⋯這是在告訴你什麼？還是那句話：我這國很好玩，代價可不低。最後，玻璃珠、橡皮筋堆得滿桌子，老闆們互相拍肩膀說「交個朋友罷」就成交了。這整個過程，和小孩子玩的遊戲有什麼不一樣？

我告訴年輕記者們，人生從小到老都在玩那幾種遊戲，如果穿透表象五光十色、令人眼花撩亂的包裝，在底層不過把捉迷藏換成了政治、商業而已，不過把玻璃珠、橡皮筋換成了權力、利益、名聲而已。如果欠缺了這樣的洞察力，很難當個好記者。

有洞察事物習慣的人，會隨時回到自己最真實的經驗、最坦率的內心世界，尋求對事物的理解。有洞察力的人，隨時都在問：這件事的本質是什麼？這句話的背後想表達什

麼？這個行為的動機是什麼？這種現象後面的意義是什麼？

我認為，洞察力不僅是成就卓越、同時也是人生幸福的根基。我猜測，洞察力的養成，與童年經驗密切相關，越能自主性體驗多樣環境變化的孩子，越有可能養成洞察習慣。如果有人覺得自己洞察力不足，也可試著讓自己「補過童年」：盡可能打破一切條條框框，試著用童真的眼光、不要拘束的本性來重新體驗世界。我相信一定會有效的，也是很重要的。

6

「任性」與「覺性」

無解之人，是他想要的，和他願意付出的，相差十萬八千里，但他卻看不到。

在我的人生閱歷中，學會了看人不僅要聽其言，還要觀其行；不僅觀其行，還要見其性。從這樣的了解中，我看到自己的人生為何數度陷入「無解」狀態，也看到更多人陷入無解的原由。

無解之人的特徵，是他想要的，和他願意付出的，相差十萬八千里，但是他卻看不到；是他想要的A，和想要的B，根本不可能同時擁有，但是他卻不願接受；是他為了得到自己想要的，不惜一切手段，完全不考慮副作用要由誰來承受。

為什麼說這樣的人無解呢？是因為他活在虛幻的自我世界中，你勸他，他不聽；你幫他，他就纏上你；你不幫他，他就說一切都是你害的……。無解之人，只有一味藥可治：就是「苦果」！他必須吃夠了苦，才能醒過來。除此之外，別無他法。

用最簡單的方式形容無解之人，就是「任性」兩字；和任性相對的，當然是「覺性」。人世間是一所大學校，遭遇的挑戰都是功課。做功課時，任性只能卡住，不斷重修；覺性才能突破，更上層樓。個人如此，由個人組成的團體和群體，也是如此。所以社會在面臨重大挑戰時，如果任性的人占上風時，也會陷入「無解」狀態。

個人的任性，是業力，人群之間的業力會相互牽引成為共業。「共業」當然比「自業」更難修，所以才需要適合的遊戲規則，以節制個人業力移轉的速度和幅度。當社會共認的行為準則被打破時，業力不受節制的大移轉，所有人都要共同承擔其後果。無論「作為」或「不作為」者，皆不可免。

台灣過去許多所發生的事，正是如此。因為在發展方向（實質和心理層面）上遭遇大挑戰，因此過去沒有弄好的業力一併發作，衝破了許多價值和規範上的防線，造成業力大移轉。一時之間，把所有的「任性」和「覺性」都誘發出來，所以才讓大多數人猶如打翻了五味罐，不知該如何反應才好。

依我的經驗，共業被打翻時，剛開始總是任性多於覺性，如果社會根底夠厚，任性還沒走到不歸路，一股集體的覺性自會升起，帶著大家衝破挑戰、繼續前進。

每一個人的內在，都同時具備任性和覺性的因子，在共業被打翻的此時此刻，如何帶著覺性去行動，正考驗著每一個人。順便提醒一句：行動不僅在街頭，更在每個人日常的角色中！

7

以假修真——之一

在事業上的篤定，對自己的人生滿意，都是修出來的，不可能想出來。

許多人進入職場一段時間後，累積了一些成績，生活無虞，就失去工作動力，陷入職場倦怠，開始對遙不可及的「生涯願景」心猿意馬。

有人把這現象稱為「中年危機」，但貼上這標籤也於事無補：難道就這樣無奈的度過餘生？

我最近參加了一個「組織系統動力」工作坊，很驚訝的發現，居然大多數的職場困境，都與當事人不自覺的「慣性模式」有關。而這些模式，多半來自童年經驗和重大家族事件。

從「系統動力」的觀點看，中年危機，其實是被生存競爭壓抑的慣性模式，終於浮現而有機會被看見。從另一個角度，其實不妨稱之為「中年機遇」。當個人透過努力，從生存競爭中站穩腳跟後，終於有機會面對人生未完成的功課。

但在現實中，轉換工作跑道需要承擔巨大風險，若非意志超強，難下決心；即使真的做了，也未必能堅持到底。因此，先往「內在」做整理和修煉，才是王道。

一位經營者告訴我，他在數年前就開始對自己創辦的事業意興闌珊，因為他覺得自己在公司裡提出的理想和願景，都是拍腦袋想出來的，自己都不入心，越講越心虛，不想再跟人說了。因此找種種藉口，逃避和客戶接觸；還制定各類激勵辦法，冀望團隊把業務扛起來，卻總難如願。就這麼拖了若干年，仍然陷在低潮和迷惘中。

他在工作坊中，看見自己一生最快樂的時光，是童年和祖母的相處。祖母在鄉下被稱為仙姑，總是無怨無悔的為人付出，而且活得極其自在，讓人如沐春風。他發現，正是因為內心深處希望活得和祖母一樣，因此常不滿自己在工作中各種的「不得不」，又無法下決心改變，最後弄成了提不起、又放不下的窘境。

他問我該怎麼辦？我給了他四個字：以假修真！**我們都知道自己還做不到、還不是真的、還差很遠，但我們的心還沒死，仍然保持嚮往，還願意「以假修真」，這樣就夠了。**

我建議他先不忙著轉換跑道，因為現在的事做不真切，以後的事也很難成真。不妨繼續做現在正做著的事，但換成「事上練心」的態度。在工作中透過為人付出、不斷修正自己，也許就能活出像他祖母那樣的生命狀態了。在事業上的篤定，對自己的人生滿意，都是修出來的，不可能想出來。

要把中年危機轉化成中年機遇，換工作之前，先換一個新的自己。「事上練心，以假修真」這八個字，說不定就是解方！

8

以假修真——之二

不給自己退路，是「以假修真」的成功秘訣。

日前和一群年輕人談「立志」，我說大部分人的志向都是假的，因此通不過考驗，絕大多數半途而廢。人生真實而有力量的志向，極為稀有，通常都來自深刻的苦難，故能「心真事實，願廣行深」，通過考驗，成就事業。

有年輕人接著問我，若無機會經歷深刻的體驗，立不下「真」的志向，難道人生就不可能有作為了？

我說也不一定，並以自身經歷說明：當初創業之時，正值人生陷落，因而一心以為鴻鵠將至，在沒有準備好的狀態下，做出超越自身能力的大膽決定，捫心自問，其實是一種逃避心態，起心動念完全不「真」。因為不真，當然事不實、行不深，難免紕漏百出，左支右絀，吃足了苦頭，只能說是自作自受。

那麼，後來又如何轉敗為勝呢？年輕人接著問。我回答：原因很多，但大體上是「因假而製造了苦難，苦難到極致，不得不修出了真。」但真正的關鍵，在於「無路可退」四個字。因為闖的禍太大，大到收不了攤，大到繼續「玩假的」身家性命都賠不起，終於逼出了「玩真的」志氣。這叫作，以假修真。

如今環境下，年輕人的原生家庭相對較寬裕，要從深刻體會中發出真實而有力量的大願，非不為也，實不能也。因此「以假修真」的功夫，就顯得格外重要。

以假修真，就是其實你也不知道自己真的想做什麼，目前正在做著的事也像雞肋一樣，食之無味、棄之可惜，而且還有一大堆不合理、不平衡、沒意義、沒樂趣的事發生正在把你逼瘋中……，但你仍然願意假戲真做，在沒樂趣中找樂趣，在沒意義中找意義，盡其在我，認真的過每一天，想辦法讓人生不虛度。

能把假戲演到真，前提是戲必須繼續演下去，演到山窮水盡，自然柳暗花明。當眾人皆假我獨真之時，戲碼自然就會越來越真；若戲碼演來演去還不真，至少你也演成了戲中唯一的真人，自有真戲來找你演，最後的受益人還是你自己。

不給自己退路，是「以假修真」的成功秘訣。現代年輕人，機會不多，退路倒是很多，正是以假修真難以成功的主因。對治之法，是要把目前正在做的事，視為人生此刻的背水一戰，斬斷自己的退路，必須打贏這場仗，至少取得「戰勝自己」的成果，再談其他。

在人生每一場背水一戰中戰勝自己，假的修成真的；不給自己退路，路居然越走越寬。能這麼做到，算是「以假修真」高手了。

9 隨時・隨性・隨遇・隨緣・隨喜

什麼事對什麼人「有用」，是我們很難了解的複雜現象。

朋友和我分享了一個故事，覺得很好，分享給大家：

三伏天，禪院的草地枯黃了一大片。「快撒點草種子吧！好難看哪！」小和尚說。「等天涼了。」師父揮揮手「隨時！」中秋，師父買了一包草籽，叫小和尚去播種。秋風起，草籽邊撒、邊飄。「不好了！好多種子都被吹飛了。」小和尚喊著。「沒關係，吹走的多半是空的，撒下去也發不了芽。」師父說：「隨性！」撒完種子，跟著就飛來幾隻小鳥啄食。「要命，種子都被鳥吃了！」小和尚急得跳腳。「沒關係！種子多，吃不完！」師父說：「隨遇！」半夜一陣驟雨，小和尚早晨衝進禪房：「這下完了，草籽都被雨沖走！」「沖到哪兒，就在哪兒發！」師父說：「隨緣！」

一個星期過去。原本光禿的地面，長出一大片青翠的草苗。連沒有撒種的角落，也泛出了綠意。小和尚高興得直拍手。師父點頭：「隨喜！」隨時、隨性、隨遇、隨緣、隨喜，好棒的人生觀，好美的生活態度，相信大家都能體會，也心嚮往之。但隨之心裡升起的疑問是：這樣的人生觀，還能幹大事嗎？

我也分享自己的故事。《商業周刊》創辦時，我邀好友 CoCo 為本刊畫漫畫，他也同意兩肋插刀。我與同事商量，既然是《商業周刊》，當然該用「商業漫畫」，於是我們每週選幾則商業新聞，附上編輯的解讀，發給 CoCo 做為漫畫題材，CoCo 也勉為其難同意了。這麼做了幾個月，同事不勝其煩，CoCo 不勝其擾，讀者也說 CoCo 在商周的作品不精彩，可以說是「三輸」，只好叫停。又過了一年，我鼓起勇氣再邀 CoCo，這次我只說一句話：「請你忘掉《商業周刊》、愛畫啥就畫啥。」就這麼一畫二十餘年，又省事又開心。這算不算「隨性」？

商周創刊初期，我們每天都強調雜誌的「定位」，大家一致同意，最重要的是提供讀者「有用」的商業資訊，但市場幾年來都反應不好。有一次我們刊出一篇南部地產大亨的報導，我一位金融界的朋友打電話給我，說這篇文章讀了「很有用」。我很納悶，為什麼一篇高雄地產界的人物故事報導，台北金融界的人會說讀了「很有用」？朋友告訴我：做投資的重要工作，就是發掘「企業新星」，「企業新星」的所有事，包括他的成長歷程、朋友、嗜好……都是「有用的訊息」。這席話讓我恍然大悟：「原來什麼事對什麼人『有用』，是我們很難了解的複雜現象。」這算不算「隨緣」？

們創辦事業，把股東的錢賠了，把同事的青春誤了，印了一堆沒人要看的雜誌，白砍了不知多少棵樹，實在也對不起地球……。你們讓我想想，如果確定我們自己是『負面事物』，不惜身敗名裂，也要把公司結束。」

說完這番悲壯之語，沒嚇著別人，倒把自己嚇到了。我真的可以把公司關了嗎？如果真能就這麼關了，豈非天下太平？想著，想著，就「心無罣礙，無有恐怖」起來。

了解到一切錯誤的源頭是自己，了解到一切錯誤應該由自己終結，我反而如釋重負。心想，反正鎮日在公司窮忙也無濟於事，不如安靜把問題理清楚，於是就拋開一切到廟裡打禪七去了。

聖嚴法師慈悲可親，讓人如沐春風；惟覺老和尚法相莊嚴，時常當頭棒喝。我印象最深刻的，是老和尚說：「你們芸芸眾生，放眼望去，只有兩種境界，不是妄想就是昏沉，不是昏沉就是妄想。」枯坐七天，才明白老和尚說話真實在。

重回公司上班後，我不再焦慮、不再生氣、不再想公司何時轉虧為盈，不再問同事為什麼沒有完成目標……。我只要每天在公司裡做一、兩件「好事」就滿心歡喜，我改口問同事最喜歡做什麼，做什麼最有成就感。

就這樣，我釋放了自己，也釋放了與我一起工作的同事。然後，我發現大家工作時的表情變了，辦公室裡的笑聲多了，編出來的雜誌有感覺了，讀者開始有反應了……。從那時到現在，所有數字都翻了幾十倍，完全始料未及。

如今回想，在《商業周刊》「敗部復活」之前，我們因為犯了太多的錯誤，累積了太多的失敗，導致整個組織氣氛被扭曲，同事們彼此互相增強負面態度，最後人人都討厭自己、討厭彼此，不相信自己會做對事，也不相信公司的困境能終結。這樣的一個組織，可想而知，是陷入了惡性循環，毫無前途可言。

最後造成一切改變的，是在上位者透過「放空」的修煉，轉化了自己的心念，由負面而正面，然後感染、擴散到大多數的同事，於是奇蹟就不知不覺中發生了。回憶起這一段歷史，簡直就像照表操課，一五一十的實踐著《秘密》這本書裡所說的原理。

自己公司裡所經歷的這一段，而且是由自己帶頭的，我居然花了十餘年時間才弄明白。想到這一層，我才知道人的「分別心」有多頑強。一般人在探索個人成長時，所領悟的道理，總直覺的畫地自限。等大家要探討組織問題時，又大費周章去研究另外一套。組織是一群個人構成，適用於個人成長的每一項原理，必然也適用於組織發展。這麼淺顯的道理，多數人卻習於用「分別心」對待。人的習性之重，真是無與倫比。

想明白了這一點，我就開開心心去那個陌生機構演講了。我心想，不就都是人嗎？一個人，一堆人，一群人，不管聚在一起幹什麼，總離不開「心念」這個主宰一切的中樞。我發現的組織的「秘密」就是：境隨心轉，心想事成！

11

「恢復正常」就對了

讓自己「恢復正常」的不二法門，是時常回到「本心」和「初衷」。

就我所知，台灣有相當比例的企業人士不再熱中「學習經營」，轉向投入「人生學習」。因而衍生出的一個議題是：人生學習中的高妙境界，真的可以用在現實的企業環境中嗎？

這議題當然沒有標準答案，但我願意分享自己的所見所聞。

在我所接觸的企業家中，當然有「把商業手段用到極致」而成功者，但也有不少「以真心待人做為唯一原則」而成功者，兩者都不乏案例。所以就世俗的「成功」而言，在一定期間內，似乎「用腦」和「用心」，並無軒輊。

但時間拉長來看，差別就很明顯。那些「機關算盡」的成功者，往往越活越不快樂，有的靠吃藥才能入睡，有的常夢到「外敵入侵」或「員工叛變」，而且絕大多數都累到不行，並為接班人問題犯愁。他們的另一共同特色是：家庭生活和人際關係很難圓滿，圍繞在他們身邊的人，都很辛苦。

但靠「真心相待」而成功的人，活得就很不一樣。他們用一以貫之的做人處世原則對待事業，隨著事業的成功，圍繞在他們身邊的人都能互相信任、彼此關心，越活越自在，越活越豐足。最後，事業上因為人才的成熟而開枝散葉，人生也因而圓滿無憾。

為什麼同樣的「成功」而有如此差別？我忍不住想講一則笑話：有一個人生了病，以為自己是蟲，看到雞就嚇得落荒而逃。後來被送醫治療，治好了出院時，醫生問他：「你是人、還是蟲？」他回答：「我是人！」結果走沒兩步，遠遠來了隻雞，他又嚇得爬到樹上，醫生問他為什麼，他說：「我知道自己是人，但我怕雞不知道。」

這就叫「人在江湖，身不由己」。有些人做事業，做到「忘了我是誰」，有些人偶爾想起了自己是誰，卻又認錯了別人是誰，或者害怕別人錯認了我是誰⋯⋯，就這麼誰來誰去，最後誰也做不成誰。事實的真相是：大家都是人，沒有人是雞，也沒有人是蟲，只不過「角色扮演」太投入，弄到最後一群人都爬上樹不敢下來。所以解方只有一個：先讓自己「恢復正常」，再想辦法用不斷的做到，讓別人也「恢復正常」。

讓自己「恢復正常」的不二法門，是時常回到「本心」和「初衷」：在職場打拚究竟是為了什麼？養家活口是當然的，但除此之外呢？是有錢就非賺不可，有機會就非抓不可，無止境的證明自己比別人厲害？還是，把職場當作修行道場，修出自己的人生圓滿，修到令周圍的人都歡喜得益？到底是為什麼？值得大家想想。

12

把自己捐出去

要把錢花到生生不息、花到利益眾生，非「才」、「德」兼備者不可。

世間荒謬事之一是：一流人才一輩子拚命賺錢，然後由二流人才把他們賺的錢花掉。

這戲碼的傳統版是守財奴和敗家子，現代版則換成了慈善家和基金會。通常是一位白手起家、成就非凡的企業英雄，在中老年時成立了公益基金會，交由「信得過」的人（二流人才居多）管理，在他身前、身後替他把錢花掉。這種「現代版」，大家傳為佳話，但其顛倒荒謬，並不遜於傳統版。基本的問題是：把錢花得好比賺錢容易嗎？如果花錢並不比賺錢容易，那為什麼是一流人賺錢，二流人花錢呢？

我認為，花錢其實比賺錢更難。

因為賺錢有遊戲規則可循，有時還會時勢造英雄，會賺錢只要有「才」，有「命」即可；但要把錢花得好、花到生生不息、花到利益眾生，則非「才」、「德」兼備者不可。

全世界最同意我這觀點的人，應該是股神巴菲特。巴菲特一輩子經營並累積財富，臨老深恐他的財富將被二流人物濫用，踏破鐵鞋無覓處，所幸冒出了個比爾．蓋茲，能夠心無懸念的把財產託付給他，讓自己日後可以含笑而去。比爾．蓋茲比巴菲特年輕一個世代，財富、聲望和經營能力都不遜於他，而且人屆中年即退居事業二線、致力於公益，這樣的「公益繼承人」，只能說可遇不可求。也因為如此，天作之合的「巴比二人組」，才能全球巡迴演出，宣傳富人捐錢做公益。

這兩位世界首富演出的戲碼，我倒不認為是在作秀。**我猜想，因為他們都是把投資和經營能量發揮到極致的厲害人物，內心深處一定都明白，自己的財富中有多少別人的「成全」，又帶了多少說不清楚的「業力」。他們都知道，如果財富不好好運用，這一生絕對稱不上圓滿，只能抱憾以終，所以才兢兢業業的致力於斯。**

「巴比二人組」樹立的典範是：一流人才用心賺錢，也由一流人才用心花錢，這才圓滿無憾。我們芸芸眾生，財富雖遠不及巴比二人，但典範仍可學習。

我認為最理想的做法，是把人生分為上、下兩個半場。上半場只要賺到可以無後顧之憂的錢，就可以隨時把自己「買」下來、「捐」出去，不再為錢工作，只做有意義的事。如果你自認是第一流人才，試問，哪有比「把自己捐出去」更大的功德呢？

要是你因故不便「贖身」，賺的錢又不少，那就學學巴菲特，提著燈籠去找你的比爾．蓋茲，求他幫你把錢花掉罷！全世界最會賺錢的人，已經用他的做到，告訴你這是唯一的救贖了，還不明白嗎？

13

人生實業家

世界最偉大組織和創世界紀錄的企業家，都在告訴你：
答案不在別處，就在你心中。

把「人生幸福」和「企業成功」視為一體兩面，最知名的東方企業家，當非稻盛和夫莫屬。稻盛和夫是日本四大「經營之聖」唯一仍在世者，他所創辦的兩家公司（京瓷公司、ＫＤＤＩ）都排名全球五百大之列，算是世界紀錄保持者。

稻盛和夫主要著作有七本，談的全是「人生哲學」和「經營哲學」的不二法門。他認為企業的終極問題，最後還是回到「人」的問題上，很多企業家不能成功、或成功之後又失敗，都是因為沒有達到對人的深層理解。他的知名語錄有：

・要經營好企業，必須豐富自己的心靈。
・我的成就，全部來自我的「哲學」。
・最偉大的技巧就是超越自我的能力。

- 工作可使心靈滿足；透過工作，可以發現人生新的意義。
- 今天，我仍然相信人生可以如我們想像得那麼美好。
- 能否成功，最終要看我們深層意識裡的欲望是否單純。
- 我們公司的經營理念，就是提供給所有員工物質和心靈成長的機會，並通過我們的共同努力促進社會和全人類的進步。
- 只要你不放棄，就不算失敗。
- 企業的成功之道，就在於制定一套放諸四海皆準的道德標準，並為大家帶來快樂。

很像說教或布道罷。如果你認真讀他的著作，就會知道他說的每句話，都是他真心相信、認真實踐、並且獲得驗證的，他是位不折不扣的「人生實業家」。

耶穌會的「自覺」、稻盛和夫的「內省」，其實都在講同一件事。世界上最偉大的組織和創世界紀錄的企業家，都在告訴你：問題的答案不在別處，就在你心中；工作和人生不是兩件事，其實只有一件事。而**大部分與成功和快樂絕緣的人，卻都認為工作和人生是兩件不相干的事，發生的問題都在別處，不在自己。這就是一切差別之所在。**

稻盛和夫自己的第一份工作，原先也非常不理想，他想辭職，卻迫於家計負擔而留下。只好「決定改變自己能控制的那部分，也就是自我。我決定轉變工作態度，尋找工作樂趣……，致力於研究，後來終於有了驚人的成果。」他後來回想，假如當初他起步時工作優渥安穩，也許就沒有日後的成就。

關鍵字，當然是「改變自我」，它不僅是企業成功之道，同時也是人生幸福之道。做到了，你可以兩者皆有；做不到，必然兩頭都落空。

第8章

領導的修煉

1

對「人」就不累

把重心放在事上一定累，把重心放在人上就不累了。

常遇到很多喊累的朋友，仔細聽他們的故事，發現大同小異。大體上，他們都是自負、責任心重、追求完美的人，覺得很多事要不是他們鎮日「盯著」，就一定會荒腔走板。他們共同的遺憾，是身邊無得力助手可分憂；一致的口頭禪，是「事情永遠忙不完」。

我自己也有累到身心俱疲的經驗。那種累，是睡眠、運動、休閒、麻醉都無法解的累，累到無所逃於天地之間，累到不知人生所謂何來……抽離出工作場域，花了一段時間沉澱、整理自己，向內探索、學習人生，再回到工作崗位後才不再累了。很奇妙的是，自從不累了以後，事業也一帆風順了起來。

對這一段經歷，我如今體會更深：一、真正的累，是心累，不是身體累；二、累的源頭，不在別人，而在自己；三、把重心放在事上一定累，把重心放在人上就不累了。

這一段體會，其實我二十年前就經歷過了，卻知其然、不知其所以然，因此無法運用自如。直到最近得遇明師，才參透其理。

為什麼把重心放在「事」上會累呢？因為你如果只看見「事」、沒看見「人」，其實你是在用腦，而沒在用心。用腦用得好，你會越來越能幹，陷入「能者多勞」的情境。結果就是：身邊的人越來越沒你能幹，因此更多的事必須由你來承擔，你當然就越來越忙。忙不一定累，但是你的忙用腦多於用心，因此只在生命的外圍打轉，事情或許有進展，但你和身邊人的生命都無滋潤、成長，所以心一定累。

為什麼把重心放在「人」上就不累呢？因為**你一直幫助身邊的人變得更好，人都好了，就把事都承擔了，結果必然是你無事可忙。因為待人必須用心，你把心放在別人身上，自然生出慈悲和智慧。因為腦只會「反射」，心卻會「共振」，常用心於人，你會在周遭創造出高振動的「心頻」，回頭來帶動了自己。所以，把重心放在「人」上，或許也可能忙，卻絕不會累。**

如果一個組織的領導人能夠把心放在「人」上，必能帶動所有成員都把心放在人上，工作夥伴的關係因此不再僅是「同事」，更是「同仁」和「同修」。這樣的組織才能算是有了「靈魂」，可以生生不息了。

體會到這層道理，我更對自己過去所作所為深感慚愧，看到自己執迷於「事」，卡住了自己，耽誤了別人。

美洲印第安人也有相同的智慧。他們外出旅行時，每走一段路，就要停下來紮營，為的是「等待靈魂跟上來」。他們認為，人走得太快，靈魂會跟不上，就變成「有體無魂」的人，那當然是不行的。

用我們老祖宗和印第安人的智慧來看現代文明，真是再貼切不過了：因為大家都跑太快了，集體的靈魂和「心」跟不上，所以才變得這麼忙。現代人普遍罹患了「失心症」，當然也造成彼此牽扯，所以才「人在江湖，身不由己」的忙個沒完沒了。

有關「心」，大家當然也知道很重要，**不是常說要「傾聽內心深處」的呼喚嗎？無奈多數人即使想聽也聽不到，因為心在十萬八千里處，早已不跟人在一起，怎能聽得到？所以說，人要不忙，要管好時間，最重要的功課，就是「把心找回來」！**

時間管理是人生頭等大事。因為人世間有諸多不平等，但相對平等的事，是大家都擁有一樣的時間。說得更清楚一點，每個人所擁有的「當下」這一刻，你用來做什麼，完全由你做主，人世間的自由平等，盡在於此矣。

「當下」這一刻，你要怎麼活？是讓別人幫你活，還是自己做主來活？是任由感官、妄想、習性或環境帶著你活，還是「用心」來活？……這是你人生唯一重要的決定。說得嚴重點，人的心不在，就不可能活在當下，而不在當下，基本上就沒真正的在活。

有了這樣的了解，就知道「忙」的反面不是「閒」，而是「活在當下」。活在當下是人生唯一重要的事，你的心在，就會帶著你的生命前進，前進到有力量，也會帶動別人的生命一起前進。除此之外，都不過是原地轉圈圈，所以才說「忙得團團轉」，白忙一場。

你在忙些什麼？忙的時候心在不在？要不要停下來，把心找回來再上路？不妨問問自己吧！

3 事上練心

修出一顆真心，自然讓人想跟他在一起，領袖氣質就出來了。

我近年在母校政大擔任書院導師，常有學生問我領袖之道。他們通常都覺得，成為領袖必須傑出優秀、凡事有主見，而且能言善道，自認還不具備這些條件，因此沒資格成為領袖。

我告訴他們，成功的領袖有各種類型，有的像叢林鬥士，有的像賭徒，有的像公司人或手藝匠，並不一定非得是某種人。只要願意承擔，人人都可以透過學習，成為領袖。

然後我問：「《孫武兵法》論領導，有道、天、地、將、法，你們想先學哪一個？」大家都說，要先學「道」。我說太好了，因為兵法是用在死生之地、存亡之道，但孫子仍然把「道」擺第一，可見是關鍵。

「道」講究的是同心。一群人為一件事而在一起，如果同心，大家都想同一件事，自然就不計較；如果不同心，大家計較起來，所謂「上有政策，下有對策」，什麼辦法都行不通。

任何人想要大家同心，首先要自己修心：時時放下小我的得失心、執著心，以眾心為己心。修出這樣一顆真心，所作所為，自然讓人想跟他在一起，想跟他一樣，領袖氣質就出來了。這就是領袖的承擔。

所以說，**領袖之道，修心為重。文武雙全的一代宗師王陽明，強調「事上練心」，就是在每一件事中為團隊付出，並在過程中修正自己。因此一個領袖的樣子，是因人、因時、因地而不同的。因為他的樣子不是自己的需要，而是團隊的需要，所以才「君子不器」**。

領袖透過修身而與大家同心，就能一起如實面對環境的變化，所謂「衡外情、量己力」，這就是《孫武兵法》講的「天、地」了。

至於「將」，不外乎知人善用。有人說劉備運籌帷幄不如孔明，帶兵打仗不如關雲長、張飛、趙子龍，他能讓這些人跟隨，只靠三句話：「你說的真有道理！這件事很重要！我怎麼沒想到？」因為這三句話能讓人「為知己者死」。但要真心說出這三句話，必須有格局、有肚量，這不僅是「修」出來的，而且是「讓」出來的。

一個領袖，透過修身，就能掌握「道、天、地、將」四個關鍵要素，至於「法」，因為「法無定法」，如實修正就好。

結論是：要成為領袖，不修沒辦法！千萬別捨本逐末。

4

「權力」與「力量」

從以掌控為核心的「權力」之道，轉化為以覺知為核心的「力量」之道。

記得多年前，曾有一位至交很認真的問我：「你有煩惱嗎？」我說：「沒有。」接著他問：「你快樂嗎？」我說：「好像沒什麼不快樂。」他又問：「你覺得自己的人生有價值、有意義嗎？」我說：「讓我再想想……。」結果，一想就想了好多年。

很感謝這位當年如此質問的好友。如今的我，終於可以負責任的替當時的我回答：我自認沒煩惱，是因為沒有面對生命深處的空虛；我對「是否快樂」的不篤定，是出於頭腦的應對，真正誠實的答案，是我「並不快樂」；至於人生的價值和意義，是不可能想出來的，只能活出來。而當時的我，並沒有活出意義的感受。

這一切，是因為在邁向「成功」的路上，自己追求「出類拔萃」多過「展現自我」，運用「控制」多過「敞開」，「角色扮演」多過「真實自己」，寄託於「期望」多過「信心」，對挑戰的「反應」多過「回應」……。總而言之，就是「用腦」多過「用心」，難怪在「成功」之後活成那樣。

最近在《新生命花園》這本書裡，讀到作者把人生分類：以「權力」為本的「解決人生問題」之道，和以「力量」為本的「迎接生命挑戰」之道，深得我心，十分讚嘆！

書中這麼描述：當人生被視為威脅或問題時，解決之道自然就是透過掌控得到的「權力」。取得權力是為了掩蓋、抵制基本焦慮，因為一個人越有掌控力，就越感覺不到焦慮和無力感；但焦慮和恐懼並未消除，只是埋得更深。**而「力量」則來自「開發自己的內在」，它是對自己一切特質的全然接納，並依不同處境，帶著覺察回應生命課題。這樣的人，在開發力量的同時，更能保持與自己和他人的完整連結。**

講得太清楚了！我在其中看到了自己人生的分水嶺，從以掌控為核心的「權力」之道，轉化為以覺知為核心的「力量」之道，其間一步一腳印的心路歷程，無怨無悔，美不勝收。這裡面的關鍵字就是：向外、掌控，向內、覺察，人生就此涇渭分明。

也許有人會問：是不是要先追求成功，然後再「開發自己內在的力量」？我可以很負責任的說：不是的！事實上，「走向內在」是一條漫漫長路，用一生的時光都未必能走完，哪還容得下蹉跎？

合理的態度是：每逢看到自己又在掌控什麼了，就提醒自己回到內在、多些覺察，讓自己少使用權力，多開發力量。能夠這樣，成功的代價自會少些，果實自會甘甜些。

5

歸零即突破！

歸零是讓過去不成為負擔，反而成為滋養。

一位四十歲上下的朋友來找我，說他正籌畫創業，但好像被卡住了：「想當老闆，卻覺得自己不像老闆。」

追問之下，才知道他過去已在不同行業、和不同的合夥人創業多次。每次開始都很順利，年年分紅，但後來合夥人一個個離去，剩下他一人，只好收攤。目前他正在找新合夥人，但理想人選卻遲遲沒出現。

言談之間，他一直重複的關鍵字是 team（團隊），說自己最重視 team work，自己是最好的隊友，但最後卻發現，其他人不是好隊友。

我心血來潮，問他過去人生最輝煌的時刻是什麼？他說是高中籃球校隊生涯，他個頭不高，卻是一流的後衛，在他的控球下，團隊默契十足，打贏了許多大賽。

他講這一段話時，兩眼發亮，表情生動，意氣風發，彷彿回到了青少年時代。

找到了這條線索，我幫他整理事業議題。最後的結論是：過去輝煌的人生記憶，成為無意識複製的行為模式。而過去的成功，時空背景不再，原因未經檢證，無意識的複製並不適用，何況人生不同階段的目標和挑戰，完全不同……，導致不斷重演人生的困境而不自覺。

我打比方說：這就像一個人難忘初戀美好回憶，無意識的帶著它，進入其後的親密關係，造成一次又一次的失落和遺憾。因為忘記了自己不是當初的自己，對方不是當初的對象，情境更不是當初的腳本，怎麼可能再度精彩演出？

這位朋友認同這個結論。他承認自己不是當老闆的料，決定放棄創業計畫，找份工作好好幹。感覺上，如釋重負。

這位朋友的故事，其實是很多人生劇本的原型，只不過每人演出的戲碼不同。失敗不一定是成功之母，倒是成功可能變成失敗之母。不僅別人的成功經驗很難借用，自己的成功也難以複製。但有多少人，忘不掉過去的輝煌，讓自己的人生變成一次又一次的無奈，只能活在「想當年」中。

所以**「歸零」是重要的人生功課。不僅過去的挫折要歸零，成功經驗更要歸零；不僅要在現實中歸零，更要在意識深處歸零。否則，過去經驗必將成為現在和未來的負擔。**

歸零並非將過去一筆勾銷，回到原點；歸零是讓過去不成為負擔，反而成為滋養。歸零才是最大的突破！

6 都是我的錯！

不僅頭腦認錯，嘴巴認錯，連靈魂深處也認錯到底。

企業以人才為本，最難得獨當一面的人才。這種稀有人才的最重要特質是什麼？這問題困擾我很久，最近居然在自己身上找到了答案。

我曾經被認為是傑出專業人才，後來合夥創業變成了最爛的經營者，造成公司長達七年的虧損，證明了完全缺乏「獨當一面」的能力。但其後公司又一路長紅十餘年，成為領先的產業標竿，好像我又很成功的獨當一面了。

這中間到底發生了什麼事？我過去的說法是：因為壓力大到極致，終於被逼「開竅」，一念轉了過來，從此就不同了。問題是：這開竅的「一念」，究竟是什麼？卻始終說不清楚。最近才徹底搞清楚，這一念叫做：「原來都是我的錯！」不僅頭腦認錯，嘴巴認錯，連靈魂深處也認錯到底。

如果把這「一念」圖像化，最傳神的莫過於清末民初「講病」聞名的王鳳儀：凡是鄉間婦人得了怪病，王善人就問她和家裡誰過不去，然後把那些人一個個請進來，叫婦人跪下來一一磕頭，磕到嘔吐昏厥……病就都好了。我那經營失能症，就是這麼好的。苦到盡頭，看不到未來，找不到解方，也無處可逃……驀然回首，看到這一切都因自己而起，都是自己造成的，千錯萬錯，原來一切都是自己的錯。然後，就像馬拉松選手經歷了「撞牆」一般，手腳還在跑著，胸中已無氣機起伏之苦，終於有把握自己可以跑完全程了。

「都是我的錯！」真有這麼神奇？原因何在？我的解釋是：**一、看到事情的緣起，生出慚愧心；二、因慚愧而能虛心待人，真正和人在一起；三、認錯有多少，承擔就有多少；四、認錯範圍有多大，心量就有多大。**想想看，如果一個人能有慚愧心、虛心待人、勇於承擔、心量又大，獨當一面有什麼問題呢？而這一切，皆從「都是我的錯！」開始。推到極致，如果一個人認為眾生之苦都是他的錯，那他不是佛，就是耶穌基督了。

說到這裡，大家應該猜到，「認錯到底」並不是苛刻的道德訴求，而是大自然法則的體現，錯認到哪，自在到哪，擔當到哪，成就也到哪！

我的問題，是這大自然定律曾發生在自己身上，而且也展現了神奇力量，卻沒能長相持守，尤其沒能運用在事業以外的領域，實為人生憾事。

最後提醒一句：企業要找做大事的人才，首要心量大，心量大者必承擔大，承擔大者必「認錯大」。如果發現組織內有人用「都是我的錯」的態度待人處世，別懷疑，他就是以後能扛起大事的人。

7 反求諸己

緣分之不可測，只能盡其在我、只能反求諸己。

常聽企業界的朋友抱怨：對某些幹部如何賞識，如何費心栽培，如何寄以厚望……結果他們當然還是要走。這些抱怨中，常夾雜著灰心、不平和不解，而我的回應則永遠是：反求諸己。

先說我自己的故事罷。我自己年輕時，曾受過不少老闆的賞識和栽培。印象最深刻的，是《中國時報》的余紀忠先生和《天下》雜誌的殷允芃女士。余先生當年七十幾歲，卻親自調教我這二十幾歲的小毛頭，敢用我做專欄主任，也敢讓我做主筆寫社論，可說恩重如山。殷女士則親自坐飛機到紐約，邀我返台就職，委以重任，禮遇有加。這兩位都對我有知遇、栽培之恩，也對我寄以厚望，但最後卻因種種因素（多半是我的問題），我還是選擇了自己的路。

因為有這樣的經歷，我很清楚人和人、人和組織，都有不同的緣分，當天時、地利、人和無法因緣俱足時，即使是善緣，也無法強求。所以在我創業做負責人的二十餘年間，每當有優秀同仁遞辭呈，我在確認並無誤會的狀況下，從不強留，總是祝福。

而其中最讓我安慰的案例，則是一位女同事的案例。她在學校畢業沒多久就進了《商業周刊》，歷任不同職務，總能達成任務，當然就引起我的注意，對她關注有加。結果在我正準備委以重任之際，她卻以「想歷練不同媒體」之名請辭。

我很清楚記得當時自己的心境：除了遺憾，並無怨懟，只有慚愧。我很慚愧自己主持的機構，無法提供優秀年輕人足夠的舞台和前程，也欠缺強有力的能量和磁場，讓人身心安頓。所以我在祝福之餘，也發願要讓《商業周刊》變得更強、更好，以求再續前緣。結果，幾年後，這位同事重回《商業周刊》，成了擔當大任的重要主管。這案例，過程曲折、結果圓滿，充分說明了緣分之不可測，只能盡其在我、只能反求諸己。

我所見到的重視人才的組織，多半都會在制度上下足功夫，也會在培育、照顧上盡力而為，但能善解人和組織間真正「因緣」、並能隨緣對待者，則如鳳毛麟角。也因此，當奇美實業創辦人許文龍說出「企業與員工之間，是一種緣，」我才那麼佩服。

事實的真相是：**一個真正夠棒的組織，永遠不必擔心任何人的離去；一個真正夠棒的人才，也永遠不愁無處安身**。要讓最棒的組織和人才「在一起」，除了隨緣，其實無計可施。境界最高的經營者，只有一件事可做：不斷的修正自己，讓自己的周遭善緣充滿，形成一個因緣聚合的大磁場。

8 領導者的考驗

一定是自己「心不真」，所以「事不實」；「願不廣」，故而「行不深」。

常聽企業高管抱怨，他們有一些價值觀、理念或原則，員工總是聽不懂、沒感受、做不到、不徹底，讓他們感覺很挫折。這種心情我十分熟悉，因為正是自己事業生涯中，曾經最常有的感慨。但如今的我，已經可以心平氣和面對。因為我知道，外在環境中的一切，只不過是一面鏡子，反映出自己有所不足。

我現在看到的是：講話別人聽不懂，一定是自己沒說清楚；話說不清楚，一定是自己體悟不深；體悟不深，一定是自己沒做到；做到而別人看不見，一定是做的深度不夠；已經做到夠深，別人仍不受影響，一定是對人的關心不夠……。

總而言之，一定是自己「心不真」，所以「事不實」；「願不廣」，故而「行不深」。如果確認自己已經「事實行深」，卻仍然不能影響別人，那就只能接受，只能等待。所謂求仁得仁，又何怨？

一個組織裡，在上位者的價值觀要影響其他人，必須他自己內在想要的、相信的、感受的，都完全一致；形諸於外，他所說的和所做的，自然也完全一致。能夠這樣，日復一日，毫無例外，才有可能形成環境，讓處身環境中的人，聽到的、看到的、感受的，都完全一致。在這樣的環境中，慢慢的，有些人也開始這麼想、這麼說、這麼做。當越來越多人這麼做，其餘者耳濡目染、自然跟隨，才有可能形成不再退轉的能量場。

這種環境的形成，不僅要日積月累，還要歷經考驗。因為在上位者即使言行一致，大家仍會認為，居上位者的做到理所當然。只有當面臨重大價值衝突時，大家才瞪大眼睛看，在上位者能否放下自身利益，仍然護守所宣稱的價值？必須通過幾次這樣的考驗，大家才終於相信你是玩真的，不是說說而已，才開始願意跟隨。

但這仍然只是起步，並不必然功德圓滿。如果最後未能盡如人意，在上位者就不能再「以己度人」，只能「換位思考」，否則一定會跟自己過不去。

通常這種時候，我就會這麼想：如果自己出任屬下的職位，做他們所做的事，領他們所領的薪水，還要「屈居」於我這樣的領導之下，到底能做多久呢？答案顯然很清楚：我根本無法長期安然於屬下所處身的職位！每次這麼想的時候，我就開始佩服他們能「屈就」這樣的工作，感謝他們還沒有離職！

在組織裡居高位的人，只有這麼想，自己才能精進，才會感恩。也只有這樣，他所認定的價值，才可能有朝一日，成為組織的環境。

9 以空間換時間

空間全被「自以為是」占滿，
導致自己內在、人際關係和組織環境，都沒有成長空間。

大家都說時間不夠用，但很少人意識到，其實是「空間」不夠用。

我的理解是：時間不夠用，通常是效能不夠高；效能不夠高，往往是空間不足。

一個有效能的環境，需要讓人成長，大家都有成長空間，就能一起支撐環境，完成共同的願望；一段良好的關係，需要空間磨合，讓人各得其所，攜手同行；個人生命的成長，當然更需要空間，否則只能原地打轉，哪都去不了。

空間如此重要，又為什麼會不足？是誰把空間占滿了？

這個「誰」？真是大哉問。我花了很多年，尋尋覓覓，才終於找到「它」。

這還得從頭說起。曾經有段時間，我很自豪自己有個本事，叫作「一看就明白」、「一聽就清楚」、「一說就命中」，覺得自己反應快、很厲害，為此得意洋洋。

但恰恰是那段日子，自己整天忙得團團轉，周圍的人也無頭蒼蠅似的亂竄，但困局總是無解，也找不到出路。那段時間，我其實很怕和人在一起，覺得又煩又累，總是「遇人不淑」。回過頭看，那時的我，表面上長袖善舞，其實成長早已停滯。

如今看來，造成這一切的，就是空間不足。因為空間全被「自以為是」占滿，導致自己內在、人際關係和組織環境，都沒有成長空間。

「對所有事，都有與眾不同的看法，不吐不快，非我不可……」這樣的自己，活得太膨脹，正是不折不扣的空間殺手。「想法」霸占了空間，沒留餘地給自己、給別人、給環境，因此沒人在成長，自然效能低落。時間不夠用，不是因，只是果。

經過多年的學習，才終於了解，觀念和想法，效能有限；真正的效能，是「處在當下」。觀念是從別人的經驗提煉出來的，未必合於己用；想法是自己有限經驗累積的，還常混雜著莫名的情緒，自然更受限制。但每時每刻面臨的情境，只能是當下的自己、當下的別人、當下的環境，用任何觀念和想法套用，往往失真，只有處在當下，才能「隨緣應機」，才是最高效能。

要處在當下，得放下自以為是，修煉空性，創造空間，生出順時應變的覺性。孔老夫子所謂的「聖之時者」，應該就是這個意思。

有了這樣的體悟，每次感到時間不夠用，就趕緊檢查自己是否太自以為是？是否太占空間？屢試不爽的，是空間一出來，時間就不再是問題。原來，空間只存在一念之間，念一轉，空間就出來了，時間就不是問題了。一個人轉念的速度有多快，空間就有多大！

10

你周圍的人有「空間」嗎？

我發現當自己相對處於覺性、空性狀態時，人際空間自然擴大，氛圍更加自在。

一位創業老闆告訴我，現在找人才真難，好不容易找到堪用的，卻留不下來；留下來的，又不能獨當一面。我說，到你公司看看吧！

那天老闆親自主持會議，與會的同事都面色凝重，不太說話。老闆一個個問他們的工作，一一指出哪裡做得不夠好，然後下達指令……。一場會開了兩小時，基本上都是老闆在說。

看到這一幕，我了然於胸：這老闆把「空間」占滿了，難怪他的員工難以成材、不能承擔。

人和人在一起，尤其是共事，沒有空間，就難以成長，就難有平衡，就無法自在，就不易長久。必須有空間，才能嘗試錯誤，有機會自己想明白、說清楚、做得到、活出來，成為負責任的人，足以擔當重任。

最容易不自覺「占空間」的人，通常是反應快、口才好、意見多、性子急、標準高、個性強、居上位者。大家不妨對號入座，如果這七項特性，你擁有兩項以上，應該就算「占空間症候群」的帶原者。若是恰巧你周圍的人，又多半愛依賴、很被動、不動腦、手腳慢、不負責……，不必懷疑，你肯定就是占空間的人。

在「占空間」這件事上，我過去在七項特性中，至少占了五項，自然成了「占空間」大王。自己因此飽嘗占空間之累，身邊人則飽受空間被占之苦。

占空間這毛病，可說是頑疾，很不容易改。還好我不是個勤奮的人，所以在「做」上，還算有空間可讓；但在「說」上，尤其是「想」上，要讓空間可就難上加難。道理不是不懂，但一不留神，不知不覺就把空間全占了。

後來我發現，自己沒耐心聽，忍不住說，源頭都出於管不住自己的「想」。無論發生什麼事，一看、一聽，就有想法，而且覺得自己的想法挺不錯，不說出來太可惜，別人的空間自然就被我給占沒了。

後來痛定思痛，強迫自己把起心動念轉為「成全別人」、「成就團隊」，不再證明「我厲害」！如此才慢慢看到，我想得對沒用，因為做的人不是我，必須是他想出來的，才有可能由他做出來！否則必將累死了自己，耽誤了別人。

如今的我，練習在看和聽時，盡可能不想，一看到「想」就叫停。和人說話時，透過只看、只聽而不想，打開自己的「覺性」，設法進入「空性」。我發現當自己相對處於覺性、甚至空性狀態時，人際空間自然擴大，氛圍更加自在。每當這種時候，常能感知對方的覺性升起，自信心增長，行動力十足，結果往往彼此都更滿意。

正如老子所說的：「功成事遂，百姓皆謂我自然。」這樣的公司，必然人才濟濟！但除非在上位者能修空性，否則絕無可能！

11

成功後的恐懼症候群

一無所有，其實是一種很棒的感覺。
沒有什麼可以失去，因此什麼都不怕。

最近有人問我，成功的公司是否「心念」一定很正面、不需要再時時檢視？好問題！我的經驗是：一個公司能夠成功，一定有正向的心念在引導，但「成功」的本身，卻可能誘發另一組負向的心念，一不留神，就可能氾濫成災。

一般而言，失敗的組織，最容易滋生「逃避」的負面心念；成功的組織，則容易滋生「恐懼」的負面心念。因失敗而逃避，容易體察；因成功而恐懼，卻細微難辨。所以「轉敗為勝」易，「持盈保泰」難。後者所要求的境界，比前者更高。

為什麼成功會帶來恐懼？恐懼什麼？顯而易見的，是恐懼「失去」，恐懼無法「更上層樓」。尤其是那些雖然成功，卻不明白為什麼成功的組織，更容易患上「恐懼症候群」。

《秘密》這本書裡，很精準的說明有些人為什麼發財，然後又千金散盡。因為當他們貧困時，一心想致富，當「致富」終於成為其中心思想時，他們就「吸引」了財富現前；致富之後，他們開始擔心失去財富，最後恐懼「失去」變成了中心思想，於是吸引了「千金散盡」的來臨。

成功所造成的恐懼，很難被察覺，因為成功就像一面魔鏡，所有的影像都在其中自動被美化，讓人眼花撩亂，看不清真正的自己。大家不是說「成功自己會說話」嗎？不但會說話，而且說話很大聲，掩蓋了其他所有聲音。

除此之外，因成功而生的恐懼，很善於偽裝變形。表面上，它看起來像自信（其實是心虛），像慎重（其實是保守），像篤定（其實是迷惘），而恐懼隱藏於其後。

如果你在公司裡檢討某項問題時，經常聽到「如果有問題，我們怎麼可能做到這樣的成績？」或者在研究某種新做法時，經常聽到「如果真要這麼做，我們原來的業績怎麼辦？」或者在設定未來目標時，經常聽到「我們已經超越對手那麼多，成長的空間在哪裡？」那麼必須注意，你的公司可能得了「高處不勝寒」症候群。

我不是說這些說法沒道理，而是在意這些說法背後反映的「心念」，是恐懼。未來的成長，在「心」中，心有恐懼，不會有成長。心有恐懼，終將淪喪。

對治「成功病」，理論很多。我覺得最直接的，還是「心病終須心藥醫」。既然病因成功而起，就假設我們沒成功，假設我們仍然一無所有，從「心念」上歸零。

一無所有，其實是一種很棒的感覺。沒有什麼可以失去，因此什麼都不怕；從零的起點上向前行，每一吋的成果，都如此的甜美。是不是很久都沒有這樣的滋味了，大家不妨一起嘗嘗。

為什麼成功和失敗一樣，都滿布陷阱？因為人生本是一所大學校，成功和失敗都是一門課。重點不在成敗本身，而在你從其中學到了什麼。因為「成功」這一課比「失敗」難度高，過關後得到的學分也更多。既然大家都入學了，不上課也挺無聊的，不是嗎？

12

不是英雄　就別領導

耶穌會的管理、領導、組織文化……，一言以蔽之：誓為英雄，英雄相惜。如此而已。

我常陷入「無書可讀」的窘境。沒事買本新書，理論講得頭頭是道，可裡面舉的「成功典範」，常有公司已破產或正紓困中，而人物已從英雄變成了狗熊。每遇此況，都覺得自己傻得可以，很想把書從窗子丟出去。

所以我改讀舊書。最近讓我最驚豔的，是克里斯・勞尼（Chris Lowney）二〇〇四年所寫的《栽培領袖：耶穌會的人才學》（Heroic Leadership）。

耶穌會創立於一五四〇年，迄今已運作逾四百七十年，目前仍是世界最大的天主教修會組織。在長達五世紀間，它所累積的成就，包括在科學、教育、濟弱扶傾和宣揚教義上，遠非任何現代組織可比。這樣一個經過長期歷史巨變考驗，卻始終能因應茁壯的團體，所依恃的，正是永不枯竭的領導力。

作者克里斯對此感受最深，因為他曾在耶穌會生活七年，然後進入摩根投資銀行，工作十七年做到常務理事。在克里斯眼裡，包括世界頂尖企業的最新管理思潮及實踐，若不是雕蟲小技、不值一提，就是耶穌會幾百年前早就在做、而且成效斐然者。從領導或管理的觀點看，任何現代企業站在耶穌會旁，都有如侏儒。

事實上，早在我年輕時讀近代史，耶穌會傳教士就曾是心目中的英雄，他們所曾寫下的英雄事跡歷久不衰、傳誦不絕。他們所奉行的，也正是「英雄式的領導」。什麼人是英雄呢？必須兼具以下四種特質：

一、自覺（self-awareness）：能了解自己的長處、短處、價值和世界觀。
二、才智（ingenuity）：能在不斷變化的世界裡充滿自信的創新與調適。
三、愛心（love）：能以正面及關懷的態度與他人交往。
四、英雄豪氣（heroism）：能以豪情奔放的雄圖激勵自己與他人。

近五世紀前，以羅耀拉（St. Ignatius Loyola）為首的十位好朋友，就是兼具這四種特質的英雄。他們因英雄相惜而創辦了耶穌會，從此被他們吸引而來的，全都是英雄（必須經過自我及前輩的檢測）。而他們幾百年所做的一切努力，就是持續不斷的保持及延續這種英雄特質。所以說，耶穌會的管理、領導、組織文化……，一言以蔽之：誓為英雄，英雄相惜。如此而已。

講完了。人類歷史上最偉大的組織之一，就是這麼運作了近五百年。不學這個，還有什麼別的好學？

怎麼學？很簡單。先檢查自己是否兼具自覺、才智、愛心、英雄豪氣四種特質（必須四種都有，缺一不可），如果答案是肯定的，無論職位高低、所為何事，你已經是領袖了，你已經在領導了。**你所需要做的，就是繼續保持並強化這些特質，然後不斷連接更多具有相同特質的人，並且發掘、培養更多這樣的人。只要持續的這麼做，終有一天你們會像耶穌會一樣偉大。**

如果答案是否定的呢？唉，我也不知該怎麼說，也許你的人生還需要些歷練。在那之前，最好不要想太多。因為這些特質不僅是領導者所需，缺了它們，你的人生也難免味如嚼蠟。

13

他的願意 你的願力

人是怎麼願意的？答案其實很簡單：願意，要用願意來換！

參加過基督教婚禮的人都知道，牧師會問新郎和新娘這段話：「從今以後，環境無論是好、是壞，是富貴、是貧窮，是健康、是疾病，是成功、是失敗，我都會支持你，愛護你……，一直到我離世的那一天。」然後新郎和新娘都要說：我願意！牧師才宣布兩人結為夫妻。

這誓詞真的很勁爆，要人無論是環境有多壞，即使貧窮、疾病、失敗，都不離不棄。我想這是因為教會深諳人性，知道婚姻這條路會遇到多少考驗，除非不斷的說「我願意」，否則不可能走下去，所以才要求新人發下如此重誓。而事實證明，即使發了這樣的誓言，很多人還是過不了關。這誓詞仍保留至今，至少算是一種正式的提醒吧！

企業經營也是條艱難的道路，一路走來，必然會經歷各種預想不到的困難和挑戰，但我從沒見過任何企業在新人入職時，會要求他們發下如此的重誓：

「我×××，願意遵照公司的規定，成為追求共同願景的一員，從今以後，環境無論是好、是壞，是成功、是失敗，是賺錢、是賠錢，是受重用、是被冷凍，是被支持、是被誤解，我都會盡己所能，支持公司到底，不抱怨、不怠惰、不見異思遷，一直到……（當然不敢說到離世的那一天，就先說個十年？五年？）」

如果有公司要你發這樣的誓言，你願意嗎？我相信大多數人是不願意的，憑什麼呀？如果你是公司的老闆，你敢要求員工發這樣的誓言嗎？我相信大多數老闆是不敢的，憑什麼呀？

這裡帶出了一個有意義的問題：人是怎麼願意的？

答案其實很簡單：願意，要用願意來換！

願意不能用頭腦。頭腦裡住著一幫烏合之眾，每逢有一夥人說願意，就有另一夥人說不願意，兩方各有正當理由，不斷進行拉鋸戰。所以在願意這件事上，頭腦不靠譜。用頭腦就完了！

願意只能用「心」。心是一股生命的能量，當它一旦啟動，就生生不息的流動，產生一股共振的磁場。一個有「願力」的人，他的心有強大的共振磁場，會轉動周圍的人，讓他們的「願心」一同啟動。一個環境中，願意的人越多，磁場共振越強，轉動不願意的力量越大。

了解了這件事，應該清楚明白，一個組織中的居上位者，其實只有一件事，就是不斷修煉自己的願力！用自己的願意，換所有同事的願意，這就叫作「心能轉境」！

如果有一天，你敢讓公司的新進同仁發誓，而他們也願意發下如結婚新人般的誓詞。

恭喜你，你是一個有願力的人！

14 企業的最高效能

一個願意的人，是用「願力」在活；一個不願意的人，是用「業力」在活。

我常說，企業的最高效能，就是「願意修」！很多人就問我，要從哪裡開始修呢？我的回答是：「修願意！」

「願意修！修願意！」這不是繞口令，而是真真切切的大實話！

試想，如果你帶領的團隊，人人都很願意，不懂的願意問，不會的願意學，做不好願意認，認了後願意改，分內的事願意做，同事有難願意幫，分外的事願意擔，這樣的團隊，還需要管嗎？還讓人掛心嗎？還有什麼事做不成嗎？恐怕三更半夜想到都會偷笑吧！

領導一個願意的團隊，簡直就是活在天堂裡。

反過來說，如果你帶領的團隊，大家都很不願意，不懂的不願意問，不會的不願意學，做不好的不願意認，同事有難則袖手旁觀，公司有事則事不關己，這樣的團隊，天王老子也管不動。如果還沒出大事，只能說時候未到！

置身於這樣的團隊中，真是活在人間煉獄呀！

「修願意！」不僅是企業最高效能的法門，也是人生幸福的大道！

一個不願意的人，是一個斤斤計較的人，每天拿著自己的一把尺，算自己的一本帳，每次算的結果，都是自己吃虧，別人佔便宜。一個整天覺得自己吃虧的人，一定笑不出來，苦不堪言。

一個不願意的人，在內心深處，一定也在跟自己較勁，把生命的能量緊緊包覆起來，像個窮怕了的人，整天擔心朝不保夕。這樣的自己，連自己都不愛，哪有可能歡喜自在？

一個不願意的人，會因為計較而不斷錯過人生，錯過上天給的每一份禮物；一個不願意的人，連自己都不放過，最後活成連自己都不愛的樣子。難道不是活在地獄裡？

一個願意的人，是用「願力」在活；一個不願意的人，是用「業力」在活。業力是輪迴，願力是解脫。所以說，「修願意」是離苦得樂的一扇門，門裡是地獄，門外是天堂！

個人如此，企業更是如此！

要讓你的同事成為一個願意的團隊，只有一個法門：你要帶頭說：「我願意！」除此之外，別無他法。

15 傳承之道

是「道」，而非「利」，才是「傳承」的重中之重。

《商業周刊》專訪過台積電董事長張忠謀和聯想集團創辦人柳傳志，談的都是「傳承」。

這兩位都是我佩服的創業家，都靠專業、領導和威望、而非股權，開創了典範型的企業。二〇一二年，張忠謀任命了三位左右手出任「共同營運長」，柳傳志則透過努力，安排第二代領導人擁有股權……，他們共同的期望，是在人生最後的階段，能因「後繼有人」而心安理得。

柳傳志甚至為此創造了一個新名詞：沒有家族的家族企業。希望透過股權的設計，讓接班人自然產生「主人心態」，能兼顧企業的長遠戰略發展。

對這兩位企業前輩的用心良苦，我只能佩服，不敢妄加議論。事實上，當世長線投資最成功的巴菲特，因為深諳人性，一向重視企業制度的設計，必須讓貢獻最大的人，得到最多的回報。

但我一位朋友，靠巴菲特心法而成功致富，最近卻提出質疑。他說，靠「利」做為主要驅動力的機制，最終只能培養出最「重利」的接班人，仍然是「不究竟」的。從長遠角度來看，這裡面有兩大問題：其一，要在「私」和「公」、「長」和「短」上，永遠把「利」擺平，基本上不可能；其二，就算真能設計出這種制度，也不過驅使企業不斷追逐「最大利益」，在未來的世界，這樣的企業未必能被人接受，未必能長長久久。

這位朋友正值壯年，最近決心為理想二度創業，想要打造一片永遠不離「初衷」、並且生生不息的事業。他說，最重要的，是讓有能力的人得到應有的回饋，但是主導事業方向的權力，卻只能「有德者居之」。為此，他正實驗一種「雙軌」的遊戲規則，在執行層次上，用「共利」來統合公與私；在主導層次上，只有「無私」者才能居其位。

在我看來，這位朋友的大願，頗吻合中華文化的「道統」觀念。**孔子對子貢說「爾愛其羊，吾愛其禮」，孟子對梁惠王說「何必曰利」，都指出是「道」，而非「利」，才是「傳承」的重中之重。**

中國禪宗能開枝散葉、法脈綿延不絕，也是基於其傳承以「明心見性」為本，不強調聰慧有能。禪宗對傳承最深刻的理解，是師父不把「接班人」留在身邊，鼓勵（甚至強迫）他們出去跑江湖、自立門戶，因為留在師父身邊的弟子，不可能超越師父；不超越師父，則無以傳承。

張忠謀在訪問中說，近三十年全球執行長的平均任期越來越短，從過去的十年，降至如今的五年，這或許也說明了當今世界的企業，越來越近於「利」，而遠於「道」。因為只有逐利才會越來越短，傳道自然越來越長。

真正關心企業傳承者，豈可僅重利而不重道？

16

向禪宗五祖學「交棒」

「傳承」這件大事，超越了一切規矩，不是可以用「腦」辦到的。

企業經營環境變化越大，越顯得人才重要，尤其是「不器」的人才，足以擔當在巨變環境中求發展重任的人才。有關接班人，我認為最經典的「案例」，是禪宗五祖弘忍傳承衣缽給六祖慧能的故事。這故事傳誦甚廣，但仍簡述於下。

慧能自幼家貧失學，砍柴為生，偶然聽人誦經，「心即開悟」，打聽到經從五祖弘忍處來，立即拋開一切前去求法。五祖一見慧能，即知其「根性大利」，留他在「糟廠」幹粗活，告以「恐有惡人害汝，遂不與汝言。」其後陰錯陽差，不識字的慧能竟然做出「何處惹塵埃」之名偈。五祖認為事不宜遲，乃夜裡三更傳法並授以衣缽，親自送他渡江遠去，囑咐他隱於山林。

十五年後，慧能出山，由印宗大師為他剃度，反拜慧能為師。自此禪宗在慧能手上開枝散葉、大放異彩，歷久不衰。

這樣的「交棒」故事，是現代企業主能想像的嗎？它能帶來什麼啟發？

首先，這個故事最美的部分，是五祖其實根本沒「教」六祖什麼，他所做的，只是「認出」他、「信任」他、「託付」他、「保護」他，如此而已，即成就了世間最偉大的傳承。

在慧能見弘忍之時，弘忍門下弟子已有千餘人，其中不乏博學多識、望重佛門之士（如大弟子神秀者流）。這些弟子皆經弘忍多年辛苦調教，但他知道其中無一開悟而能成大器者。弘忍認為只有「根性」才是傳承的要件，其餘如「學問」、「才藝」、「名望」皆無足輕重，「大利根者」一人可抵千軍萬馬。弘忍這樣的見識，如今幾人能有？

其次，弘忍如此選擇接班人，可謂大不利己身。他不僅自我否定了多年教化的成果，也必然造成原有體制的大衝擊。當慧能得衣缽遠去後，弘忍面對千餘名弟子，宣布「接班人」是位目不識丁的南蠻小子，而且已不知去向。他無懼於自己經營一生的道場毀於一旦，也不顧自己餘生無人侍奉。這樣的「無我」胸懷，如今又有幾人能做到？

還有，弘忍洞察世事，深知慧能留在原有體制中，必遭傷，難成大器。故而不傳他道場、不授他門人弟子、甚至不讓他打著門戶旗號，只授予衣缽，然後叫他遠揚隱遁，還囑咐他「衣為爭端，止汝勿傳。」終弘忍一生，他未再見過這位嫡傳弟子，但慧能卻把禪宗發揚光大，也讓這位「千古名師」流傳青史。這樣的膽識，如今何處得見？

當然，這則禪宗傳承的故事，並非當今企業可以依樣畫葫蘆。但它值得深思之處甚多：選擇接班人的要義為何？企業最值得傳承的究竟是什麼？接班人培養的法則何在？交班人的胸懷與膽識從何而出？……

在這個故事裡，我所看到的是：「傳承」這件大事，超越了一切規矩，不是可以用「腦」辦到的，必須用「心」才行，唯有用「心」，才能「以心傳心」。值得一問的則是：當今企業芸芸眾生，有幾人能「用心」勝於「用腦」？

第9章

組織的修煉

1

企業的「剛需」

勢、理、法、術，
或可成功於一時，卻難成功於一世，更難成功、圓滿兼得。

老友約我敘舊，在他上海外灘辦公室的落地窗邊，看著黃浦江千帆過盡，他說起乾隆下江南與老和尚的典故：熙熙攘攘，唯名與利。他自認已擺脫名韁利鎖，卻仍深感有志未伸、有願未了！

這位老友，算是壯年得志，多年前公司已在香港上市，員工數萬人，目前仍靠購併快速成長中。但他雖然成功，卻對自己並不滿意，覺得離人生理想境界相去甚遠。他心中的典範是稻盛和夫，讀了很多稻盛的著作，也曾投身某修行環境，發心修煉若干年。

老友自認近年來在心性修煉上頗有精進，看到了一條不同的人生道路，覺得自己已經上路，但又被卡住了，反而備感慚愧。他覺得自己在事業的追求上，有了更高境界的願景，但和同事的交流上，卻深感無法相應，反而更加孤獨，因而產生了無力感。

總而言之，他現在的事業目標，是追求可持續、能為員工帶來幸福、並且有意義的成功。他更希望，在完成事業願景的同時，自己也有幸福感，也能活出更有意義的人生。他問我，這樣會不會要得太多？我說，一點也不多。反而是：如果做對了，這些願望應該同時實現；如果只實現了一部分，其他部分無法實現，就可能連已經實現的那部分，也不是真的！

因為我們在談的，已經不是理、不是法、不是術，而是「道」的層次。**只要是「道」，就不可能這裡通，那裡不通；此時有效，彼時無效。「道」是放諸四海皆準、古今中外皆然的。因為它不是人想出來的，而是暗合大自然的定律。所以，如果活出「合於道」的人生，就不可能無法運用於事業；如果事業經營「合於道」，也不可能人生不圓滿。**稻盛和夫不就是如此嗎？

由此看來，如今的時代，經營事業者（當然也包括所有職場中人）能成功且圓滿者，為數甚少，正是因為大多數人所追求的，並不真正「合於道」。大多數人在事業生涯中，講求的是勢、是理、是法、是術，或可成功於一時，卻難成功於一世，更難成功、圓滿兼得。像我這位老友，在人生追求上，已經進入道的層次，尚且力有未逮，遑論其餘。

最後，我們共同做出了結論：如今大多數企業所面臨的問題，其實不在於欠缺方法和技巧，而在「不合於道」，無法「以道馭術」。用通俗易解的說法，就是企業文化不清晰，或企業文化無法落地的問題。企業文化該如何形成，又如何落地？這才是當今企業真正的「剛需」！

2

文化生根　化性而已！

起心動念就像中央銀行，一收銀根，市場資金必然緊俏。

很多老闆都希望企業文化能深入人心、完全體現，但要他們為文化落地付出努力時，他們又說：我很想，但是經營壓力真的很大。

這就好像「重要而不緊急」的事，永遠被擺在「行有餘力」再做的位置，因此永遠都不會做。我覺得之所以這樣，是因為大家的內心深處，並不真正相信企業文化與企業的經營績效息息相關。

但其實不然。用個人打比方，一個人的起心動念就像中央銀行：怎麼想，就會怎麼說、怎麼做，最後就會得到相應的結果。起心動念就像中央銀行，一收銀根，市場資金必然緊俏。所以，要改變結果，最有效的方法，就是管好起心動念。

企業文化，就是企業的中央銀行！組織內的一群人怎麼想、怎麼做，怎麼對待彼此、對待公司、對待客戶，最後反映在企業所有大小事上。績效為什麼達不成？員工為什麼不

合作？目標為什麼無法貫徹？……沒有一件與企業文化無關。

因此，很多企業不重視文化，用各種方法、規章、獎懲，企圖改變員工心態和行為，大多數效果有限。即使有效，也很難長效，更別說優化了。追根究柢，是因為這些作為，只在下游處使力，治標不治本。

也有企業很重視企業文化，努力執行各種宣導，卻成效不彰，最後還是說：企業文化沒什麼用！我認為，這多半都是因為這些企業雖然重視文化，卻「事虛行淺」，無法做到「事實行深」，所以成果出不來。

企業文化落地之所以難，是因為人的個性有千百種，大家不是進了企業才變成這樣子的，而是原來就是這樣子的。所以即使在下游處，用方法改變了員工的行為，讓大家表面上看起來有所不同，卻改變不了人的個性。因此在生命的上游處，仍舊各有各的執著，根本沒有辦法一條心！

因此，要創造落地生根、長長久久的企業文化，關鍵就在「化性」兩個字。中國自古講究教化，「教」了以後，還要「化」之，才算完成。「化」什麼呢？主要是「化」個性！能化性，才是企業文化的王道！企業必須打造出一個共修環境，形成一個讓人同頻共振的能量場，員工的習性、個性、我執，盡在其中「化」了，這才是真正落地生根的企業文化。

這樣的企業，是最高效能的組織，因為內在凝聚力超強，所以禁得起外在無常的挑戰，自可長長久久。這樣的企業，可以把最重要的事做到極致，所以永遠可以讓客戶不但滿意，甚至感動！所以說，企業一旦能讓文化落地生根，就一定會反映在企業經營績效的所有層面，就無所謂「先完成績效，再提升文化」這種說法了。

如果一個企業忙到沒辦法把企業文化當頭等大事，恰恰就證明：不能再等了，必須當急件辦理！

3

壓力來自業力

組織內每一個人的業力，都有如機關槍陣地，火網交織，流彈四射……

我曾在文章中提到，要從煩惱中解脫，第一步要先把自己從事中抽離。其實真正要抽離的，不是事，而是自己對事的執念和慣性。因為這樣的執著太深，已入輪迴之苦，所以在事的輪迴場中無法抽離，只好把事先放下，乃不得已也。

人的執著深到什麼程度？不抽離出來認真看，還真不敢相信。基本上，就是顛倒！顛倒到發生在眼前的事，人看不見，也不相信，只相信自己所認為的。

人的「認為」很奇妙。有時候前一刻還沒有想法，後一刻，想法不知從何處飄進了我們腦中，我們抓住了它，就認同了它。有時候把它說出來，沒得到別人的贊同，我們居然就生氣了，就覺得自尊受到傷害，為這看法和別人爭到面紅耳赤、不歡而散。人真是莫名其妙！

表面看來，好像是我們對自己的「念頭」產生了占有欲，把它們視為私有財產、禁鬻、不容別人侵犯。但**事實上，那看法原來不是我們的，是不知道從何處闖進來的，它們居然就驅使我們為其奮戰不休，人簡直就是隨時在被綁架，被異物入侵。在層出不窮的入侵事件中，人就是被附身的宿主，對闖入腦中的念頭，毫無抵抗力。**人的執著如此頑強，背後真正的原因，是人昏沉，昏沉到隨時隨地被無明的念頭入侵、綁架、附身。沒有這樣深度的看見，人是不可能承認自己的執著的。

我每逢看見自己的執著，常有感慨：人不如鼠！不信你看那白老鼠，在迷宮中撞牆一次就會轉彎，往右轉走不出去，下次就會往左轉。但人不會！人撞到牆時會不以為然（這牆不該在這裡），會抱怨（憑什麼這牆擋我的路），會擋我者死（想辦法把這牆剷平），會不服氣（明明就該往右轉，想不到試試往左轉）……，人的毛病這麼多，不是連老鼠都不如嗎？

每次想到自己連老鼠都不如，都會慚愧到無地自容，二話不說，向老鼠學習，放下執念，立刻轉彎！這招對我還滿有用的，你也不妨試試。

人為什麼不如老鼠？顯然不是智商問題，而是業力深重。個人業力如此深重，那一群人在一起呢？可想而知，在組織內每一個人的業力，都有如機關槍陣地，火網交織，流彈四射。一家企業，如果個人業力都不修，相互間又大規模進行業力移轉（通常是由居上位者往下移），把能量內耗殆盡，哪還有力氣應付外在世界的無常？

所以，企業的壓力從何而來？多半都是業力帶來的！業力消了，人老實了，才有能量面對經營環境的無常，壓力自然就減少了。這一切，誰來帶頭做？當然是老闆囉！（不然你憑什麼當老闆？）怎麼做？要從看見自己的執著開始！如果不深深的向內看，只想向外面找答案，不僅事倍功半，而且必不究竟，最後很難有好結果的。

4

「創新」是果 不是因

如果大家能把誠信、卓越和分享的精神做到極致，「創新」是自然的結果。

「創新」成為企業的關鍵字，已有很長時間了。但我每次聽到企業界的朋友提到「創新」，都覺得他們活在極大壓力和焦慮中，好像如今的競爭規則，已經是「創新！或滅亡！」細問之下，果然已有不少人每晚必須吃藥入眠。「創新」難道非弄成這樣嗎？

正巧我去探望一位年過九旬的老書法家，看他的字神龍靈動、揮灑自如；見他的人如沐春風、健朗自在。他的生活、生命和創造，完全合而為真正「字如其人」。

「創新」也可以是這樣！

其實我早就對西方現代藝術不以為然。他們追求創新成狂，弄到正常人都不可能再有突破，藝術家除非把自己逼瘋，否則無法再「創新」。如今這股「創新」潮流已無所不在，終於要把企業家也逼瘋才罷休。

這樣的現象，我大膽解讀，可能有兩個來源：

第一，現代文明因個人主義盛行，把生活環境弄得極其繁雜，個人處身其間，感官被刺激到日漸麻痺，需求被誘發到極難滿足。因而對「創新」的胃口越來越大，無休無止。

第二，由於商業機制的壯大和無所不在，大多數「創新」的背後，都以利益為驅動力。「創新」乃淪為競爭的壓力和必要，變成利益導向的腦力活動，不再是生命力滿溢而出的歡愉展現。

這樣的觀察，讓我回想起《商業周刊》二〇〇一年發生的事。當時我們請主要幹部一起確認公司的「核心價值」，很快的，大家就達成共識，以誠信、卓越和分享，做為共同信守的價值，但有若干同事主張，一定要再加上「創新」這一條，我雖然並不贊同，最後尊重多數決議，就通過採納了。

我的看法是，如果大家能把誠信、卓越和分享的精神做到極致，「創新」是自然的結果，沒必要「為創新而創新」。直到今日，我看到許多公司在「創新」這件事上，絞盡了腦汁、編足了預算，卻仍然苦無成果。細問之下，果然發現這些公司的企業文化，都在誠信、卓越和分享這些環節上沒做到位，可謂其來有自。

我當然並不反對創新，但我反對把「創新」當成企業或個人的「核心價值」，我認為那是捨本逐末。**為創新而創新，必然誠意不足、用心不深，創新的成果也必然有限，說不定還一面創新、一面造業呢。我還是相信，對自己誠意十足，對別人用心至深，練功到位，創造力自然生生不息。這才是真創新。**

5

賺到「做」！

人生來去之間，到底有什麼？難道不就是一個「做」字嗎？

一群企業老闆的聚會中，問起近況如何？有人說：「沒在賺錢，只賺到做。」大家紛紛表示同感。

「賺到做」這句話，久違了。以前常聽到，是因為老闆們低調，不敢吹噓生意好；現在重出江湖，卻是十足寫實，還帶有一點醒悟的味道。

其實，這句話隱含著大智慧。認真想想，人生空空的來，最後也一定空空的去。來去之間，到底有什麼？難道不就是一個「做」字嗎？

人生只有「做」。多做少做，認真做、隨便做，都是過一生。但同樣是做，最後的結果卻差很遠。有人的做，是不得不，只為了求生存；有人的做，深度不足，只換到生活的改善；但真正厲害的人，卻能透過做，讓自己不斷提升，最後心滿意足，留下了好樣子，讓人懷念。這才是真正的「賺到做」！

一個人要如何「賺到做」？經典上講的「藉事練心」、「渡人渡己」，全部都在說這件事。大家最熟悉的諺語：「歡喜做、甘願受」，講的也是這件事。總而言之，就是無論外在環境是順是逆，遇到的人是貴人、還是「逆行菩薩」，都要打開覺知、帶著感受、反求諸己，全然投入的面對發生的每一件事，遇到的每一個人。只有這樣，才能讓每一個「做」，穩賺不賠。

個人如此，企業又何嘗不然。企業的本質，就是透過一個共同的目標，「大家一起做」！如此而已。企業的外在環境瞬息萬變，不能保證時時刻刻都賺錢，但大家一起「賺到做」，卻可以操之在己。而且一個無論環境順逆都能「賺到做」的企業，才是真正強大的組織，必能長長久久。

因此，一個想要突破外在限制，真正「操之在我」的企業，應該把「賺到做」列為核心價值，設法發展出「賺到做」的 KPI，在每件事上，檢查每一個人是否賺到做？

這樣做，好處多多，包括：一、勝不驕、敗不餒，永遠士氣高昂；二、人人都有機會變成英雄，發揮價值，不受職位才能的限制；三、透過每一件事讓員工不斷成長，厚積組織實力；四、打造強大的企業文化價值，代代相傳……。

個人的人生只能「賺到做」，企業的價值是「大家一起賺到做」。「賺到做」是個人和企業雙贏，是老闆和員工雙贏，其中沒有矛盾，不受限制，只有「共好」！世上哪有比「賺到做」更好的目標？哪有企業傻到不懂「賺到做」呢？

6

用腦太多　用心太少

企業經營的最高境界，就是「心想事成」，可沒人說「腦想事成」。

最近常出門走動，不小心就碰到不少「企業傷兵」，而且都是將軍級的。他們多半出身名校，遊走知名大企業，屢受重用、破格拔升，四十出頭即成方面大員，然後人生出現重大轉折（以健康出狀況最普遍），選擇（或被迫）暫離職場。

有一回，和一位知名企業的「大將軍」吃飯後，朋友對我說：「好可惜剛才沒拍張照。」我問：「為什麼？」他說：「可以拿回家給太太看，看她還要不要逼孩子讀書？」不消說，這位「大將軍」堪為青年楷模，出身名校，晉身世界頂級公司方面大員，看起來卻極不快樂，一副「人在江湖，身不由己」的無奈擺在臉上。「為什麼會這樣？」我和朋友繼續討論，最後一致的結論是：用腦太多，用心太少。

這樣的場景，常讓我想起 Visa 國際創辦人迪伊・霍克（Dee Hock）的那句名言：「為什麼機器越來越像人，而人越來越像機器？」可能就是現代人用腦太多、用心太少造成的。

眾所周知，機器越來越「聰明」，聰明到在許多方面「腦」不比人差，但沒有人會相信機器可能有「心」。無怪乎，「有腦無心」的人，就讓人覺得很像機器。而由機器人領軍的企業，則很容易變成大怪獸，帶來人類文明的浩劫。這正是迪伊所擔心因而振臂疾呼的事。

看到了這麼多「企業傷兵」，體會到「用腦」和「用心」是癥結所在，我突然明白了迪伊所創導的「混序」之道（Chaotic），解方正在心腦之間：「序」即是腦，「混」即是心，「混序組織」就是有腦也有心的組織，乃能生生不息、綿延不絕。

談到這裡，不免想起禪宗一則最有名的公案：二祖慧可求道於達摩祖師，問：「何以安心？」達摩說：「心在哪裡？拿來我替你安。」對了，企業要用心，心在哪裡？企業由人組成，由大將軍們領導，大將軍的心在哪裡？如果成為企業大將軍的前提就是必須「有腦無心」，企業怎麼會有心？沒有心，又何能安之？

許多人在談「未來的企業」，其實企業的未來就在人心裡。**企業領導人首先該做的，就是找到自己的「心」。在上位者有心了，自然會影響到所有人；大家都有心了，企業才會有心。有心的企業，才能追求極致的「價值」，而不僅是追求極致的「效率」，才不會再製造企業傷兵，甚至帶來企業浩劫。**

最後，不唱高調，來點現實的。大家不是說「心想事成」嗎？這不是人人都想要的嗎？其實，企業經營的最高境界，就是這「心想事成」四個字。

如果企業裡所有員工都「想」同一件「事」，那事能不成嗎？但是請注意，關鍵字是「心」，可沒人說「腦想事成」。若沒有「心」去想，哪有事可「成」？這麼說，大家該知道「心」對企業、對人生的重要了吧。

7

價值觀打九折是行不通的，是一定會出事的。

「原罪意識」之必要

二○○八年雷曼兄弟投資銀行（Lehman Brothers）破產後，報載其強人執行長傅德（Richard Fuld）被資深員工痛揍了一拳。這新聞並無畫面，但我建議大家想像其場景，深映腦海中，用來隨時提醒自己，避免成為這類尷尬場面的當事人。

一九八○年初，我在紐約大學念MBA時，雷曼兄弟就是同學們畢業後最想進的公司。晚上下課行經該公司大樓，抬頭仰望，常見高樓層燈火通明，美國同學充滿羨慕的告訴我：「他們又在做大交易了。」

傅德曾是雷曼的英雄。明星隕落，英雄變狗熊，在外人看來或許是意外，但我不相信當事人會意外。揍人的和被揍的，都是聰明人，他們不可能不知道自己在玩什麼遊戲，不可能不知道這遊戲已玩過了頭，但他們一定心存僥倖，認為接到最後一棒的「一定不是我」。

8 把公司賣給巴菲特！

如果經營者不具備「獨排眾議」的特質，這家公司前途堪虞，不值得投資。

美國《富比世》雜誌曾以「你不是華倫・巴菲特」為題，專文剖析一般投資人對巴菲特投資策略的誤解，並認為大多數投資人的財力、投資操作和風險承受能力，都遠遠比不上巴菲特，因此不能成為巴菲特第二。

此文的觀點，深得我心。我多年前首次讀到介紹巴菲特的書，就深為折服、五體投地。但經過一番自我評估後，也完全了解到，他所實踐的投資原則看似簡單，卻十足的「知易行難」，想要東施效顰，這輩子是不可能了。

反倒是，身為事業經營者，用「把公司賣給巴菲特」的想法來思考，我覺得挺不錯。自此之後，我常想像巴菲特坐在自己公司的董事會裡，對大小事指指點點。遇到困惑難解之事，就想「巴菲特會怎麼做？」以這樣的心情來學巴菲特，獲益甚多。

眾所周知，巴菲特在考慮投資某家公司時，最重視經營團隊。而他所強調的經營團隊三大特質中，有一條是「經營團隊能獨排眾議嗎？」」。因為他的經驗告訴他，有一種「制度性強制」（institutional imperative）的力量，時常會牽著經營者的鼻子走，讓他們變得愚蠢而不理性。因此，如果一家公司的經營者不具備「獨排眾議」的特質，這家公司前途堪虞，不值得投資。

所謂「制度性強制」，有時來自組織內部的慣性，有時來自同業間的一窩蜂，有時來自資本市場的誘惑，有時來自經營者自身的人性弱點⋯⋯，這些因素，往往驅使著經營團隊，寧願跟著其他公司一起失敗，也不願獨立判斷調整公司方向，千山我獨行。一言以蔽之，「人多不怕鬼」使然。

在某種意義上，二〇〇八年金融海嘯及其背後所早已發生的諸多弊端，豈不正是「制度性強制」作祟？「制度性強制」讓全球產業鏈裡的頂尖好手們，集體淪為烏合之眾，竟然無人真正做到「獨排眾議」而扭轉乾坤。連睿智如巴菲特者也「老船長翻船」，承認自己「做了不少蠢事」。也就是說，「制度性強制」的力量已經大到讓巴菲特也違反了巴菲特原則。

無論如何，「巴菲特原則」還是千古不移。即使要糾正巴菲特所做的蠢事，仍然要用更加奉行巴菲特原則為之。

所以說，不要再等待有人會告訴你景氣何時將反轉，不要再管同業們正在幹什麼，不要相信有任何人會比你更了解自己的行業、自己的公司。**如果巴菲特坐在你公司的董事會**

裡，他一定會告訴你：「面對現實，把問題想清楚，然後獨排眾議罷！」我相信，在全球經濟形勢如此渾沌不明的此刻，他一定會這麼說。如果你因此而做對了事，不和別人一起失敗，也許有一天，巴菲特真的會投資你的公司。

9

追求「極致價值」

任何企業只要成功打造追求「極致價值」的文化，未來就是屬於你的。

油電混合車自推出市場以來，就成為注目焦點，所有高檔車大廠無不全力以赴。這現象不僅預言了「汽車市場」未來的走向，其實也預言了「所有市場」未來的趨勢。

想想看，油電混合車推出之初，價格比同款車貴，性能比同款車不怎麼樣，卻能獨占未來高檔車鼇頭，難道僅僅為了省油兼省錢？當然不是。人盡皆知，背後主要的理由是：形象。因為人們的價值觀變了，未來的汽車無論如何酷、如何炫，只要是高耗能，車主的形象就好不到哪去。越有錢的人，越在乎形象，買名車除了享受，最主要還是要提升形象，這就是油電混合車高檔先行的原因。

「形象消費」這說法，當然只是表面，更深層的轉變是「價值觀消費」，或「價值觀不消費」。《友愛的公司》（Firms of Endearment，簡體中文版由中國人民大學出版社出版）一書指出，網路化和熟齡化兩大趨勢，將導致人類文明價值巨變，其影響將無所不在。我的看法是，除了網路化和熟齡化之外，「人需總量」（人口數加需求量）和「自然供給」間的嚴重失衡，也是價值觀巨變的重要源頭。

總而言之，二十一世紀人在反思「可持續幸福之道」過程中，價值觀的巨變是無時無刻都在發生中的，而且其影響面是超越一切的。也因此，從企業的角度看，未來的大危機和大商機，都潛藏在價值觀變遷中。

在經營實務面，這趨勢意味著什麼？它意味著企業不能再追求極致利潤，而必須追求極致價值，否則不僅找不到商機，還必然危機四伏。套用管理學上常提的：做對的事，把事做對，孰重？所謂「追求極致價值」，就是把「做對的事」供在企業神殿的至高處，無時無刻都要膜拜，一絲一毫都不打折扣，分分秒秒都要重新確認，稍有觸犯就立即懺悔並改正之。

要培養這樣的企業文化，先要假設公司內所有進行中的大事「都不一定對」，或「不一定全對」，或「不一定一直對」，然後把未來至少數十年「一定對」的事找出來。一旦確認，就要不惜代價的立即動手去做，即使一時沒法子「把事做對」也沒關係。因為未來的客戶，有可能原諒你「沒把事做對」，但絕不可能接受你「做不對的事」。

也因此，關注並預測所屬領域未來「價值觀」的走向，將是企業不可迴避的要務，最好是全體員工都用心於此，要不然，我建議設專人直接向執行長報告。

正如所有的新生事物一樣，價值觀巨變也是兩面刃。任何企業只要成功打造追求「極致價值」的文化，未來就是屬於你的。

10 擺地攤 跑江湖

跑江湖的人看眾生相，
要體察別人的需求，還要修忍辱功夫，能不謙虛嗎？

全世界的大老闆都在提著燈籠找第一流人才，所有的上班族也都希望自己能成為第一流人才。為什麼第一流人才這麼稀有？有沒有辦法辨識或培養第一流人才？

第一個問題，我認為管理大師柯林斯（Jim Collins）（《從A到A+》作者）說得最好，他所推崇的「第五級領導人」，必須兼具「謙虛」和「意志力」兩種矛盾的特質，相當程度說明了為什麼一流人才難尋？

至於什麼樣的經歷才能讓人謙虛、堅毅兼備？則幾乎沒人能講清楚。我有一位高人朋友最近一語點破：必須擺過地攤，並且跑過江湖。我仔細琢磨，深感大有學問。

何謂擺地攤？就是專注做一件事，長期不懈的做，越做越好，做到別人都趕不上。有這樣經歷的人，沒有意志力是不可能的。中國古代師傅收徒弟，必然先讓他去做簡單、粗重、無聊、卑下之事，然後觀察他是否仍然甘之如飴，以定其「孺子可教否」，其理正在於此。

擺地攤必須長期專注，這就是「戒」，戒久了自然生「定」，把自我縮小放下；如此則「慧」油然而生。禪宗六祖見五祖，五祖叫他去舂米，舂了半年才去看看，六祖說「弟子心中常生智慧」。舂米舂出智慧，這就是地攤擺出了境界，孺子可教了。

何謂跑江湖？就是出門見百種人，要別人點頭認同，才能成事。要人點的頭越難，得到認同的人越多，就表示江湖跑得越到位。跑江湖的人看眾生相，要體察別人的需求，還要修忍辱功夫，能不謙虛嗎？人一旦見多識廣，又能彎下腰來，格局自然就出來了。

一個人若擺過地攤、又跑過江湖，境界、格局兼備，自然又謙虛、又有意志力，成為柯林斯所稱的第五級領導人。

企業若要培養接班人，不妨先檢視哪些工作最像擺地攤，哪些最像跑江湖，然後叫地攤擺得最好的去跑江湖，叫江湖跑得最好的來擺地攤，再把兩者都做得最好的儲備為接班人。這樣做，準沒錯。

年輕人在事業鍛鍊上，也可依此為準，勉強自己把擺地攤或跑江湖的事做到別人都趕不上，然後換一種再試一次。如果能在四十五歲以前，把兩種事都做到比人強，肯定是萬中選一的千里馬，不怕沒伯樂提著燈籠來找了。

其實不僅是事業，人生也一樣。那些最終能無憾而得圓滿者，多半都是擺地攤和跑江湖的雙料狀元。

11

你是玩真的？

玩真的，一定成；還不成，必然是「不夠真」。

如同政治難免「必要之惡」，許多人也認為企業為了追求成長、獲利，有許多「不得不然」。我聽過一則發人深省的故事，完全打破了眾人的迷思。

一位經營連鎖服務業的朋友，多年前經歷一場人生學習之旅後，看到自己雖然事業有成，也創造了數以千計的就業機會，但是員工並不快樂，自己和家人也不開心。

他決心暫停事業的擴張，把照顧員工視為第一優先。

如此決定後，他要求所有店長，從今以後忘掉銷售，只要把員工照顧好，把顧客服務好，就是唯一職責。接下來，他大量撤銷公司內的防弊措施，要求主管以完全的信任帶領員工，要求員工以完全的信任對待顧客，一切損失由公司承擔。

這麼做了之後，公司連續三年沒開一家新店，但營業額卻成長了一倍，後來在員工的要求下，才再度開始擴張。如今事業版圖已擴大了許多倍，員工有如一家人，顧客忠誠度大幅提升，他自己每天開心上班，還有大量空閒做自己喜歡的事。回顧發生的一切，他說：不可思議！

許多人一定也覺得不可思議。因為大部分人多多少少都曾經試過，把一些立意良善的做法導入職場，結果卻不如預期。經歷過挫折，最後下結論：人心不可恃，做事還是要「務實」，必要之惡不可免！

我當然也見過不少「失敗案例」，而且失敗得很不服氣，因為他們不僅立意良善，而且做法嚴謹，無懈可擊。那麼，到底是什麼因素導致這些「好人好事」為德不卒？如果他們問我，我只問一個問題：你到底是玩真的，還是玩假的？

既然失敗案例多於成功案例，當然是玩假的居多。有些人得了利，開始要名，叫做「得了便宜還賣乖」。頭腦作祟，開始弄些沽名釣譽的做法，虛晃一招，自是不值一提。

也有人自以為是玩真的，但決心不夠，推出些振奮人心的做法，也大張旗鼓的推行，但假以時日，一旦發現代價不小，甚至萌生副作用，就開始打退堂鼓，最後不了了之，還會安慰自己：至少我試過了。

還有人更特別，不但玩真的，並且有決心，結果還是不成。這樣的案例，最叫人沮喪，並且百思不解。其實答案很簡單：**這樣的狀況，多半是主事者迷信遊戲規則，迷信投入資源，迷信指揮系統……忘了要自己用心，以身作則。**

像我那位「不可思議」的朋友，他在推行新政前夕，是充滿慚愧之心，含淚「痛改前非」，決心從自己做起，身、口、意一致，根本沒想到結果會如何。

要做到這程度，才叫玩真的，老天爺才幫忙，讓結果不可思議。

我的結論是：玩真的，一定成；還不成，必然是「不夠真」。

12

「真」有效能

一件事若不夠真，根本就不值得做，不如別開始。

有朋友認為，我把「真」說得太神奇了。好像只要真，就萬事如意。我也覺得，該進一步解釋一下。

其實我是久病成醫。有一天，突然發現自己活得如此之假，假到人生乏味。於是認真反省一番，看到自己大半生所想、所說、所做、所感，經常是不一致的，而這正是「苦」和「累」的來源。因為只要一假，就一定對自己不滿意，就樂不起來；只要一假，就必須得「裝」，裝久了不累才怪。

我還看到，凡不真的時候，都「事虛」、「行淺」，做事根本沒力道，弄不出什麼名堂。若是假事還真做，用力硬撐，結果一定自己不舒服，周圍人仰馬翻，日久必然弄出爛攤子，收拾個沒完沒了。

再仔細對照，我確認凡事有好結果、生生不息、沒有副作用、回憶起來會笑的……

14

「喜歡」的威力

經營者最重要的修煉，就是讓自己成為「令人歡喜」之人！

朋友最近和我分享一則故事：他當年名校畢業後，在紐約申請進一家頂級投資銀行，經過一關關面試流程後，老闆居然請他到私人俱樂部共進晚餐，天南地北聊到欲罷不能，第二天他就接到了聘書。

事後他才知道，幾乎所有同事進公司前都一對一和老闆吃過飯，如果吃飯時間沒超過兩小時，就不會接到聘書。原因是：老闆認為，未來這些同事都會代表公司接觸客戶，如果連跟老闆吃飯都讓他索然無味，絕對不可能贏得客戶的心，也不可能為公司帶來好生意。

這位朋友覺得他老闆的做法很高明，日後也如法炮製，選擇工作夥伴的前提，是對方一定要讓他很有「感覺」。他也一直做得很成功。

這則故事讓我想起，東元集團前董事長黃茂雄到商周編輯部演講時，提到他年輕時父執輩的耳提面命：和別人合夥做生意，一定要找打從心底「喜歡」的人。如果生意做得好，比較能長長久久；如果生意沒做成，也心甘情願。黃茂雄說，他奉行父執輩的叮嚀，深感受益無窮。

這兩個故事，一個在美國，一個在台灣，講述著企業經營對內、對外的傳承奧秘，居然都是最簡單的兩個字：喜歡！我猜想，那位美國老闆能成功經營一家投資銀行，黃茂雄當年被父執輩選擇成為接班人，重要的原因之一，也都是他們「被喜歡」罷。

這實在是件很弔詭的事，**一般人都認為企業經營的目的是「追求最大利潤」，坊間所有教本也都在談方法、策略，但隱身背後真正決定最終勝負的，居然是：喜歡！**

我倒覺得這一點也不奇怪，其實人和人之間能互相「喜歡」，背後已經述說著無盡的奧秘和緣分，所以我們才說四處受歡迎的人「人緣好」。「人緣好」是一種正面能量，如果企業裡充斥著「人緣好」的員工，企業的能量也一定是正向的。

再說得功利點，一個企業若能真正讓員工發自內心深處的喜歡，就不怕競爭者高薪挖角；如果所產出的商品或服務，能真讓客戶喜歡，就不必擔心削價競爭。企業執行長位子要做得穩，得到董事會和員工共同的喜歡，也是不可或缺的要素。經典上還說：「令眾生歡喜，如見如來。」企業主若能把企業經營到「眾生歡喜」，那又是何許境界？

人總是愛追求複雜的事，專家總愛說人聽不懂、行不通的道理。但能生生不息的大道，其實都是最簡單的。企業經營之道，「歡喜」而已！經營者最重要的修煉，就是讓自己成為「令人歡喜」之人！

15 去複雜　修「簡單」

挑選人才，要看那人總是把事越做越簡單，還是越做越難？

經營環境越來越不可測，企業的安身立命之道為何？我的答案只有兩個字：簡單！

我對這兩個字的體會，來自多年前的經驗。當時公司裡有一位重要主管，經常私下找我彙報工作，內容不外乎他管轄部門裡發生了多少疑難雜症，他如何渾身解數的一一處理，最後終於化解了可能爆發的危機云云。每次聽他說完，我都覺得自己的公司快垮了，還好有他這樣的幹部在撐著。

後來，我慢慢覺悟，有些人就是會把事情越弄越複雜，複雜到非他不可。這是一種習性，一種很難戒掉的習性。一個公司裡，如果這樣的人很多，公司經營難度也會越來越高，高到必須有「特異功能」才能走下去。

我還看到，會把事情越做越難的人，通常有幾種狀況：一、沒能力，又怕被識破，所以不斷施放煙幕彈；二、雖有能力，但缺乏安全感，因此經常製造障礙，防堵競爭者；

三、自我膨脹，喜歡「特技表演」，以贏得掌聲；四、用腦過度，不相信人，經常為防弊而把事弄複雜。一言以蔽之，是人「不簡單」，所以把環境弄複雜。

感謝那位同事，讓我有機會看到「複雜」對組織的為害，讓我有機會看到自己原來也「不簡單」，讓我開始致力於打造簡單的組織環境，最後效益無窮。

因為有這番經歷，所以我能很清楚的看到，許多企業經營得很辛苦，遭遇交班的困境，轉型轉不過來，遇到危機焦頭爛額……，都是因為組織內部環境太複雜、太不簡單的緣故。企業若能簡單，就會身輕如燕、動力十足、適應力強、可長可久。簡單，實為企業至寶，卻難求難得。

難在哪裡？難在人不簡單。一群人在一起，很容易把彼此弄得更不簡單。尤其重要卻很難避免的是經營者自己「不簡單」。

簡單是一種修煉，越是面對複雜情境的人，這修煉越必要。但若修煉得宜，過程其實充滿了喜悅，因為複雜的是人的頭腦和習性，人的本性和本心，始終都是簡單的。修簡單，是找回真我，重返赤子之心，豈有不樂之理？

在組織裡挑選人才，要看那人總是把事越做越簡單，還是越做越難？想知道自己的事業能否基業長青，也只要問自己，能否把經營者的角色越做越簡單。

人的內外是相通的，簡單的人，會把環境弄簡單；複雜的人，會把環境弄複雜。如此而已，夠簡單罷！

第10章 世界的修煉

1 金錢是功課

窮，考驗人的志氣；富，考驗人的德性。

蘋果電腦創辦人賈伯斯生前曾說：「我創業從來就不是為了錢……，我認為有錢是很棒的，因為它讓你有能力做很多事……，（但）我不常把錢放在心上。」

的確，賈伯斯雖是世界級的富豪，但人們想起他的時候，很少聯想到「錢」這個字。因為他心中不以錢為念，所以大家也不用錢看他。他和金錢的關係，是自在的。

曾經在《商業周刊》的編輯會議上，有記者問我：「那些最有成就的人，心中都在想什麼？」我回答：每個人想的都不一樣，同一個人在不同階段想的也不一樣，但我知道他們和大多數人想的不一樣的是什麼，那就是，他們都沒在想「錢」。因為每天都在想錢的人，不可能真的有成就，無論在事業上，或人生上，都是如此。

佛家教誨中最有名的比喻「渡河」，用來說明人和錢的關係也甚貼切。

金錢好比是用來渡河的船，但有些人花了一輩子時間在造船，把船越造越大，卻忘了

渡河；另一些人造好了船，也渡過了河，卻把船揹在身上走路，弄到寸步難行。真正造船、渡河、輕鬆上路的人，少之又少。

我聽說在耶穌會傳教士的「神操」中，有這麼一段試煉：如果有一筆鉅款突然來到你身上，你應如何自處？標準答案當然不是欣喜若狂，但也不是避如蛇蠍，立刻把它捐出來，而是：平常心，仍然專注於你所應為之事，然後把錢用於其所當用。平常心，確實是人和錢的最佳關係。不僅個人如此，公司亦應如此，社會又何嘗不該如此？

當今之世，貧富差距不斷擴大，成為全球難解的習題。一方面，用資本主義激勵人奮鬥創造，確有其用；另方面，以社會主義安頓人基本需求，實有必要。偏偏這兩套遊戲規則之間，又處處矛盾、格格不入，分寸拿捏間，妾身千萬難。

就人間實相來看，貧富之間的輪迴，本是世事無常的一環。由制度所造成的扭曲，當然要由制度的改善來彌補。但制度所不能及之處，就要靠人們的「平常心」來救濟。換言之，在兩個貧富差距伯仲之間的社會，何者對金錢更有平常心，就更有幸福的可能。

再往深處看，其實貧和富，都是人生的功課。窮，考驗人的志氣，所謂「人窮志短」是也；富，考驗人的德性，所謂「為富不仁」是也。聖經裡甚至還說，要富人上天堂，比駱駝穿針眼還難，表示富人的修行考驗比窮人更大。如果一個社會能夠「窮不失志，富而好仁」，就離大同世界不遠了。

2

「大願」與「無我」

能「無我」而生「大願」，或發「大願」而臻「無我」，莫不心想事成；反之，終必徒勞。

每當經營環境發生巨變，就有許多企業界人士憂心忡忡、無所適從。日前讀到亞馬遜執行長貝佐斯（Jeffrey P. Bezos）寫給股東的信，深感振聾發聵、如雷貫耳。忍不住想摘錄給大家看：

在此全球經濟動盪之時，我們所秉持的基本做法依然不變：謙虛謹慎、關注長遠、顧客至上。因為關注長遠，我們才能提升既有的能力、並嘗試新鮮事物。它使我們從反復失敗中實現創新，它使我們掙脫束縛，探索未知領域。

長期發展策略與顧客至上的理念，彼此相得益彰。如果我們能發現顧客需求，並進一步確信這種需求是有意義而具有持久性的，我們將靜心探索多年，直到找到解決之道。

「逆向工作法」從顧客需求出發，與「技能導向法」形成鮮明對比，因為後者只運用現有技術和能耐來駕馭商機。「技能導向」者說：「我們擅長做X」「通過X我們還能做什麼？」，如果公司沉浸於此，就永遠不會推動研發新技能。最終，現有的技能將成為明日黃花。從顧客需求出發逆向工作，往往要求我們必須獲得新的能力並加以磨練，無須介意邁出第一步時的那種不舒服與尷尬的感覺。

貝佐斯這封「致股東信」，此時讀來特別擲地有聲，當然與他成功推出Kindle一、二代閱讀器有關。

亞馬遜在二〇〇五年前就構想了一個遠景：在六十秒內向顧客提供任何一本曾經出版的、採用任何語言的圖書，並使「終端設備」與「服務」緊密結合、無縫聯結。在此之前，亞馬遜從未設計或生產過硬體設備，但他們為此招聘新人、重新學習，終在四年後嘗到甜美果實。

環境不變時，大家都說要「回歸基本面」。企業基本面之最，莫過於顧客至上，但這句話說的人多，真正做到的有幾人？處順境時，往往輕慢；逢逆境時，又力不從心。

貝佐斯信中發人深省的關鍵字：在客戶面，是「有意義而持久的需求」；在公司面，是「關注長遠、靜心探索、克服起步時的尷尬」。**換言之，在為顧客設想時，亞馬遜是以發「大願」的心境為之；在公司自我調整時，則以近乎「無我」的狀態進行。**

人世間成就之道，逃不出這兩條：任何個人或組織，只要能「無我」而生「大願」，或發「大願」而臻「無我」，莫不心想事成；反之，終必徒勞。

而「大願」和「無我」，實為一體兩面、相輔相生。因一般個人及組織，皆「我執」甚重，非發「大願」，無以破之；欲成就「大願」，則不破我執無以竟功，必以「無我」為先決條件。貝佐斯「致股東信」，暗藏此一深厚哲理，是故可圈可點。

寫到這裡，突然憶起當年創辦《商業周刊》時，何飛鵬兄去向趙耀東先生請益，他老人家提筆寫了兩幅字，一幅是「要有共同理想，才能走長遠的路」送飛鵬兄，另一幅「無我」託飛鵬兄帶給我，至今置於書桌上，日日不敢忘。

3

「組織失敗」是問題根源

我們把組織變成橫衝直撞的坦克車，夷平了我們的社會和家園。

金融海嘯發生後，全球的政府和企業都忙得團團轉，努力的「危機處理」。至於危機的源頭來自何處？很少有人能回過神來認真想。

但是有一個人多年前就預見了這一切，並且大聲的說出問題所在：「組織失敗」！這些忙著「危機處理」的政府和企業組織，本身正是危機的源頭。

這個人名叫迪伊・霍克（Dee Hock），是當今世界上最大商業組織Visa國際的創辦人及榮譽首席執行官，他在二〇〇五年出版了《混序》（One From Many:Visa and the Rise of Chaordic Organization）一書，從頭到尾都在問三個問題：

- 為什麼政治、商業和社會的組織，都越來越管不好自己？
- 為什麼個人和所屬的組織間，衝突日增、疏離日甚？

・為什麼社會與生物圈，都日益混亂？

他認為西方近代文明把機械式的設計導入人類組織生活中，是上述三個問題的真正根源。終其一生，他不斷的探索及實踐，尋求問題的解方。他從大自然的生態中借用了混沌（chaos）與有序（order）兩個並行不悖的現象，創造了混序（chaordic）這個字彙，並賦予定義：

一、任何把混沌與有序的特徵和諧融合的自發性組織、自發式治理的有機體、組織或系統的行為。

二、自然界基本的組織原則。

他以「混序組織」（Chaordic Organization）概念，在一九七四年創辦了Visa國際，如今成為世界上最大的商業組織（管理大師彼得・聖吉的說法），但他卻說自己的實驗「頂多只成功了一半」。在辭去Visa首席執行官近二十年後，他仍出書疾呼：「我們生活在一個大量組織失敗的時代」，而這正是一切問題的根源。如今已逾九十高齡的迪伊，半隱居於他熱愛的大自然中，仍念念不忘串聯有識之士承續他的志業：期待仿效大自然原則的「混序組織」，有機會成為未來世界的主流。

我相信任何人坐在辦公室裡讀這位九旬老人的故事，都會慚愧得無地自容。我們是如何的縱容自己的無意識和惰性，把人變成了組織裡的機器，把組織變成了橫衝直撞的坦克車，夷平了我們所賴以生存的社會和大地家園？

雖然迪伊對自己的成就並不滿意，卻似乎已非凡人所能及。但我細讀他的故事，發現他的偉大恰恰來自他堅持做自己。在創辦 Visa 國際之前，他與所任職的任何組織都格格不入，因而數度失業、窮困潦倒，比大多數人都不如。所以他的志業，理論上每個人都有資格繼承。問題只在於想做、不做而已。

如果你仍然覺得太深奧、太困難，迪伊也有簡單的建議：**任何組織的管理者，應該花二分之一的時間「管理自己」，花四分之一的時間「管理上司」，花五分之一的時間「管理同輩」，然後花剩下的時間「管理下屬」**。

如果你的數學及格，應該可以算得出，「管理下屬」的時間，只剩下五％。時間不夠用，怎麼辦？只要設法讓下屬也這麼做就行了。當然，問題的關鍵，仍在於「把自己管好」而已。難嗎？確實不容易，否則世界怎麼會變成今天這樣子。這件事，你一定要相信，才做得到，就像你相信造物主、相信大自然一般。反正，不相信，你也不會有好日子過，不是嗎？

4 管理「混序組織」

在組織中越成功者，離他們應有的人生越遠。

我談到 Visa 國際創辦人迪伊．霍克所提倡的混序組織及管理原則，很多人表示發人深省，但陳義甚高，不知該如何運用。

先復習一下迪伊的觀點。首先，迪伊認為當今大多數組織都是失敗的，即使是許多人視為成功的組織，也不總在做對的事。因為這些組織都太「機械化」，因此常偏離原先所宣示的願景，並且通常並未促進任職員工的人生幸福。

如果你對此一看法並不感同身受，以下的討論，一定會浪費你寶貴的時間。至於我個人，我曾任職於別人創建的組織，也曾自己創建過組織，常深陷於組織的困境中，無論身處高位或基層，皆有「既不能令，又不受命」的窘態，因此十分認同迪伊的觀點。

事實上，我曾與一位舉世欽羨的跨國典範企業的高階主管晤面，他算是才德兼備的優秀青年（當時還不到四十歲），太太也是知名跨國企業的女強人。言談間，我發現他雖應對優雅、反應聰慧，但卻顏面緊繃、眼神憂鬱。話鋒一轉，聊起他的人生，才發現他太太正為辦公室裡的人際衝突暗夜哭泣，他也不久前曾因工作壓力過大緊急送醫，而他們還正為新生嬰兒的降臨在忙活著呢。

失敗組織裡的失敗員工如此，還比較容易理解，但他們卻都是成功組織中的贏家。在我的經驗中，這樣的案例比比皆是。而且好像可以歸納出一條定律：在組織中越成功者，離他們應有的人生越遠。難道是組織沒問題，問題出在組織中人？當然不可能如此！

這正是迪伊多年來不斷在問的問題，所以他才說，大家在組織中，應該花一半時間來「管理自己」。管理自己什麼呢？迪伊的看法，是正直、個性、道德、知識、智慧、脾氣和言行。

我的體會，重點在於設法保持自己不受組織的機械化染污，致力於「身心安頓」的覺知。因為這是一項無止境、困難、常令人想迴避的任務，所以才被忽視，代之以命令和控制他人。

管理者第二項重要、至少應投入四分之一時間完成的責任，是「管理」那些在組織裡有權的人，如老闆、主管、董事、監察人等。因為如果不把這些人管好，不可能避免組織的大齒輪把你壓扁，被壓扁的你也不可能對屬下有幫助。萬一有權者中有「高人」，那他一定是你最難得的導師及奧援，當然也值得花時間學習或結盟。

管理者第三責任是管理同輩，包括同事、競爭者、供應商、顧客等，因為沒有他們的

6 如果GDP只剩一半

所謂的「現代幸福生活」，其實大部分建立在「遞延惡果」的僥倖心理上。

二〇一一年三月十一日日本發生大災難，這次的災難，是先地震、引發海嘯，然後地震海嘯一起造成了核災。規模之大，威勢之猛，足令世人震驚。

曾有「高人」對我說，未來的世界，常有地、火、水、風、病五災降臨，先是一個個來，然後配對來，最後是一起來，直到世人徹底覺悟悔改為止。我平日不信玄異之言，但仍難免把這話放在心裡。這次日本的地（震）、水（海嘯）、病（核災）一起來，中間還夾雜著火，實在令人不得不心生警惕。

這次大災，必將成為人類歷史的里程碑。因為它不但發生在先進國家，而且還因其先進而更嚴重到難以收拾。物傷其類，全世界的發達國家一定會更感同身受、一同反省。

當然，核能發電的利弊思辨，必定首當其衝。日本是擁核大國，福島的教訓，必將讓日本人省思如何處置其現有及未來所有核能發電，也必將令全球所有擁核或正在擁核的國家做同樣的省思。省思的議題，千頭萬緒只有一句話：如果不再有便宜、乾淨、安全的能源，大家的日子該怎麼過？

正如我曾提到，**便宜的食物其實是一種假象。人們用種種「先進」科技改造植物和動物，使其長得快、病害少，最終惡果還是回到人類自身。同樣的，便宜的能源當然也是假象，從地球暖化到福島核災，大家已經開始嘗到苦果。當然，最大的假象，是ＧＤＰ增長必能帶來幸福。**

往深處看，福島核災正是近代文明的一個小縮影。它所反映的是：人類因迷失而生貪念，因貪念而自大，因自大而輕率的後果。在某種程度上，所謂的「現代幸福生活」，其實大部分建立在「遞延惡果」的僥倖心理上。大家互相欺騙，不聽、不看、不想問題的因果，是它仍能存在的唯一原因。

這次的福島核災，大家在經歷一陣反省檢討後，會不會又重新回到不聽、不看、不想，繼續過著自己幸福的日子？這當然是很有可能的，因為地、火、水、風、病，還沒同時來嘛。

我的看法是：任何一個經濟發達地區的有意識公民，都應該連結其他有共同意識的人們，共同督促他的政府想一想。想什麼？想ＧＤＰ剩下一半，大家該如何過日子！

如果其他人都不肯想，就只好自己想：假設油價、電價、食物價……，都比現在貴一倍，你該如何過日子？如果真的這麼做，那你就算是對福島災變做出正確回應了。

7

不得不？主動做？

台灣人需要價值觀的徹底改變，才有可能在未來安身立命。

二〇一一年「三一一日本震災」引發核災時，我曾說這事件必將成為人類歷史的里程碑，逼使所有已開發國家思索：如果GDP不增反降，如果油價、電價、食物價都比現在貴得多，大家該如何過日子？

事隔多年，我說的已不再是預言，而是某種程度的「現在進行式」。東海大學跨領域日本區域研究中心執行長陳永峰教授曾撰文指出：不管日本人喜不喜歡，日本的「戰後價值觀」正徹底轉變中，包括經濟開發至上主義，非變不可；以全球化市場競爭為主軸的企業戰略，非變不可；貿易立國、輸出導向的日本經濟結構，也非變不可……，此一價值觀的徹底改變，必須伴隨著放棄經濟成長的「覺悟」，對現代社會依賴科技文明所得來的「幸福」，必須有深刻的省思和調整。

事實上，二〇一一年十一月「快樂國」不丹國王應邀訪問後，日本政府發表的宣言，早已透露出類此的況味。不丹四十年前就「主動做」，日本在歷經蕭條和災難後終於「不得不」，經濟發展和人口數量介於不丹和日本中間的台灣，到底要「主動做」？還是繼續等待「不得不」？

答案也很明顯：台灣在熱切追求現代科技及商業的「幸福之路」上，正處於「不得不」和「主動做」的轉捩點上，所欠缺的只是人民的「覺悟」和政府的「論述」。

思考這問題，也可以用簡單的問句：台灣在戰後已出現了拚經濟有成的兩個世代，其中戰後嬰兒潮的如今當權世代，大勢所趨之下，很輕易的就在經濟狀況上超越父母的世代，請問，下一代還有如此的機會嗎？如果沒有，他們該如何安身立命呢？難道要他們自認不如父母，挫折過一生嗎？

我相信，凡是認真思考過這個命題的父母，都應該得出相同的結論，然後誠懇的對子女說：**我們這一代完成了一些事，但也犯了不少錯誤，留下了許多重大挑戰由你們承擔。請你們不要再按照我們的方式生活，要活出你們自己，並且引以為傲。我們也願意開始改正自己的生活方式，彌補自己的虧欠，讓你們有機會活出屬於自己的成就感。**

只有我們這一代人承認自己的錯誤，並且以身作則改正之，下一代才有機會活出自己。所謂人民的「覺悟」，應作如是觀。至於政府，其實「不得不」的進程早已啟動，只不過欠缺「主動做」的宏觀論述，導致變革流於消極瑣碎，既無助於人民的覺悟，當然就得不到應有的支持。

台灣人需要價值觀的徹底改變，才有可能在未來安身立命。以為人父母之心，認真想想下一代要怎麼活，也許正是人民「覺悟」的藥引子。

8

期待少年英雄！

「改變未來世界的人」要會玩！
要玩得盡興、玩出風格、玩出境界、玩出格局。

世界正在巨變中，人類的價值觀、產銷秩序和生活方式都面臨大挑戰，現有組織和體制將大規模改造或陷入失能……，經歷天災人禍不斷後，催生了新世紀……，向內探索取代了向外追求、和解共生取代了競爭對抗、精神提升取代了物質生產，成為文明進展的主流……。

這是許多世界級大頭腦的「樂觀預言」。如果夠幸運，它將在未來十到二十年內逐漸顯現，三十年後奠基完成。按照這樣的進程，真正承先啟後、完成新時代大業的，很可能是在二〇一〇年十五歲左右的青少年（到二〇四〇年時平均四十五歲），而他們將在二〇二〇年前內就啟動催生新時代的任務。

歷史轉型大業由年輕人催生，這是定律。因為：一、原有體制崩壞，又無法轉型的最大受害者是年輕人，他們將因此失去安身立命之地；二、年輕人初生之犢不畏虎，最具熱情與理想；三、年輕人尚未涉入既得利益系統，較無包袱與顧慮；四、年輕人游離於體制外，容易串聯而產生集體意識及行動（尤其是未來的網路時代）。

依我的看法，在二〇一〇年時三十歲以下的年輕人，都很難在現有體制下，完成超越上一代的「成就」；而十五）以下的青少年，則將因教育和就業機制的失能，而必須自力救濟。**他們注定成為原有體制的受害者（再加上赤字、能源和污染三大負擔），因此催生新價值觀、新遊戲規則、新生活方式，就是他們的天命。也可以斷定，未來改變世界的英雄，必由如今的少年中產生。**

少年英雄應具備什麼樣的特質？我的看法是：

一、他以敏銳的觀察和獨立思考的能力，避免受到環境污染和限制，致力於建立不同流俗的人生觀和獨立人格。

二、他對現存體制和流行價值保持距離和警覺，意識到它們的不可依恃，避免自己在體制崩解或失能時陷入窘境。

三、他自行發展體制外的學習能力，跨越時空的追尋人生基本價值的源頭和道路，尤其要偏重與「人生幸福和意義」相關的學習。

四、他很早就開始「內在的修練」，親近大自然與自身本性，體悟宇宙大道，開發源源不斷的真如智慧。

五、他樂於接觸人群、體驗人生，從中磨練閱歷、廣結善緣、結交同志。

六、他少年立志，並勇於實踐，大膽的在嘗試錯誤中淬鍊自己。

這六項少年英雄的特質，當然陳義甚高。但我們討論的，是「改變未來世界的人」，理所當然如此。如果要簡化，也可以只有一條：要會玩！要玩得盡興、玩出風格、玩出境界、玩出格局。這樣就夠了，因為偉大的事業一定是「玩」出來的。

如果您是少年的父母，我的建議則是：您必須知道未來的世界將大不同了，孩子不可能再走您走過的路，現有的秩序也都靠不住了。您只剩下一個選擇：讓孩子有機會活出自己，相信孩子會找出自己的道路。

9 沒有「體驗」的人生

未來注定要大轉向，而且沒有跑道。該怎麼跑？要由孩子們自行摸索。

大陸青年作家韓寒被美國《時代》雜誌列為二〇一〇年「全球最具影響力人物」。獲獎時年僅二十七歲的韓寒是暢銷書作家、公共知識分子、也是冠軍職業賽車手。他的學歷是高一肄業，而且高一讀了兩年都七科不及格。

我用自創的「少年英雄」六項特質拿來比對，發現韓寒幾乎全部吻合。這六項特質是：親近大自然與自身本性、勇於體驗人生、對現有體制和流行價值保持警覺、具備體制外的學習能力、擁有不同流俗的人生觀、少年立志並樂於實踐。

我一點都不意外。因為過去親身與數十位「優秀青年」面談後，我發現越是學業拔尖、「多才多藝」的年輕人，離「少年英雄」的六項特質越遠。

通常的情況是：這些年輕人的父母都對子女的學業和「才藝」訂定高標準，並投注大量資源和心力「全方位輔導」。結果孩子的青春歲月猶如參加了「制式旅行團」，行程滿滿的「團進團出」，留下了一堆紀錄，卻沒嘗到酸甜苦辣。

沒錯，缺乏真實人生體驗，正是一切問題的源頭。旅行團式的「罐裝人生」，沒有自我，沒有「意外的旅程」也沒有刻骨銘心的滋味。**一切在軌道中運行的成長經歷，怎麼可能培養對體制的警覺？狹窄局限的生活情境，又如何能發掘自我、理解環境、立下宏願呢？沒有自主和犯錯的空間，又如何建立不同流俗的人生觀？**更重要的「體制內的學習」塞爆了行程表，當然不利於發展體制外的學習能力，因此也不能培養真正的宏觀見識。

為什麼這些父母如此努力的付出，最後會導致這樣的結果呢？問題出在一句流行口號上：「別讓孩子輸在起跑點！」這句話假設孩子未來的人生有一條固定的跑道，大家在這跑道上競賽。如果未來的世界，延續著過去的軌道運行，那麼這些孩子的人生只是少了點「味道」，仍能平順安穩的走完旅程。但我的看法是，這可能性微乎其微。

真實的情境很可能是：人類過去很多世代以來，一直在同一跑道上進行接力賽，但如今棒子已傳到了跑道的盡頭，不可能再傳下去了。未來注定要大轉向，而且沒有跑道。該怎麼跑？要由孩子們自行摸索，找出一條路來。

這件事，上一代能幫的忙不多，要靠他們自行發展的能耐來應付。所以說，如果他們沒有深刻的人生體驗，沒有發自內心深處的動能，沒有超越現狀的宏觀見識，就只能淪為過渡或被犧牲的一代。

當然，導致孩子們要喪失「真實人生體驗」的原因很多，包括都市化的環境、僵化而高度競爭的教育體制、無所不在的商業機制等等，都是共犯結構的一環，而且「冰凍三尺，非一日之寒」。

唯一的希望，只剩下父母。老實說，面對如此環環相扣的共犯結構，要幫孩子找回他們「真實的人生」，絕不是件容易的事。做父母的，不但要從內到外「一切放下」，還得「雖千萬人吾往矣」，尤其不能期待別人誇你是好父母。想想看，當韓寒連續兩年高中七科不及格時，別人用什麼眼光看他的父母？豈不就釋懷了？

10

世界比你想像的單純！

GDP並不構成幸福指標，卻被世人普遍的忽視。這不是瘋狂是什麼？

《商業周刊》以「世界比你想像的瘋狂」為題，專訪了四位國際級領袖，幫助大家「面對不確定年代」。但若把標題改為「世界比你想像的單純」，告訴大家如何自在的「面對更確定的年代」，我覺得也不錯。

這兩組標題的差異，在於前者把「瘋狂」置於「未來式」，後者將「瘋狂」置於「過去式」。而後者正是我的觀點。

許多經濟學家把金融海嘯歸因於過去數十年「放縱的盛宴」，幾乎已成定論。但更深一層的追究，「放縱」的豈僅是「金錢遊戲」而已？

正如大前研一在專訪中所說，對GDP（國內生產毛額）的執著，就是一種全球流行病。我舉雙手贊成，願在此舉例說明：如果一個人暴飲暴食，導致疾病而常進醫院，並因肥胖而大量消耗減肥用品，他（她）對GDP的貢獻顯然倍於常人，但其「增進」GDP

的產出流程，卻無一絲一毫增加幸福之處。ＧＤＰ的成長並不構成幸福指標，應該算是基本常識，卻被世人普遍的忽視。這不是瘋狂是什麼？

再譬如說，近數十年在「全球化」的過程中，貧富差距越拉越大，潛在失業潮越陷越深，物價飆漲幾近失控、生存風險越來越高，但除了少數「激進份子」外，大國領袖幾乎視而不見，更別說提出有效對策了。不僅如此，連在沙漠中造滑雪場、填海建奢華度假酒店，都成了英雄事跡。這不是瘋狂是什麼？

所幸有這一場金融海嘯，讓世人從「放縱的盛宴」中驚醒。驚醒之後的世界，大家都說一定會回歸基本面。這不就是說，「世界將會變得更單純」了嗎？所以說，我下的標題，是完全成立的。

回歸單純，說來容易做來難。若無強有力、有深度且可行的價值觀支撐，人們必然宿醉難醒，依然流連於滿地狼藉的盛宴廢墟。那麼，新價值觀從何而來？解答這問題之前，有必要先看看是什麼「舊」價值觀導致世人陷入瘋狂？

還記得中國清末民初（甚至延燒到六〇年代的台灣）長達數十年的「東西文化論戰」嗎？當時的主流看法是：學西方的船堅炮利不夠，還得先學其典章制度；學其典章制度也不究竟，還得先引進其思想觀念。西方近代思想觀念的源頭，來自文藝復興、宗教改革、民主思潮、工業革命、殖民帝國主義，直到發現美洲新大陸，對印第安人進行種族大屠殺之後，創建了人類史上的實驗理想國，以「美國夢」之名推行普世價值迄今。

這長達數百年「躍進史」的核心價值是什麼？是相信人能征服自然，相信科學進步可以無止境的滿足人類欲望，相信「優勢文明」可以干預或宰制「弱勢文明」，相信用大量消費刺激生產是進步的源泉，相信「物競天擇」的演化史觀，相信自由市場「背後看不見的手」可以解決一切問題。

一言以蔽之，是相信人「向外擴張」無止境。這價值觀歷經數百年的演進，創造了輝煌的歷史，終於在二十世紀末走進了死巷，再也繞不出來。人說二十一世紀是「心靈的世紀」，以超級金融海嘯做為其序幕，誰說不宜？

心靈世紀的新價值觀，必將大不同於過去數百年。它回歸本質、回歸單純、甚至矯枉過正，是一定的。

後記

重返童年

大約是五歲的某一天下午，我從幼稚園放學回家，戴著一頂大草帽走在馬路上，天開始下雨，我因為心情愉悅，仍然哼著歌慢悠悠的散著步，雨越下越大，帽沿開始滴下成串的水珠，全身溼透，路人皆躲在屋簷下避雨，我卻傻傻的漫步街頭……，這時有兩位路人撐傘擦身而過，大概是我的模樣太滑稽，惹得他們指著我訕笑不止。我很清楚記得當時心中閃過的念頭：「我是上帝派來世間的，這兩位嘲笑我的路人是上帝派來考驗我的，就是為了想看看，碰到這種事，我會有什麼反應？會學到什麼？」既然他們假裝不知道我是誰，我也不拆穿他們，一面繼續我的雨中漫步，一面暗自得意自己通過了考驗。

這是我記得的幼年時期少數畫面之一。

當時五歲的我，家裡沒人信教，也不知道上帝是什麼。如今的我猜想，那大概就是「天人合一」的狀態，是生命原本就「見山是山」的狀態。這狀態，愉悅不須理由，不受外境（下大雨）和人境（路人訕笑）影響，對生命完全信任，對自己和一切充滿了愛，感謝所有的發生，以全然的狀態活在當下，並從其中經歷人生、增長智慧。

五歲之後，滾入紅塵，見山越來越不是山，經過了半世紀，才重新踏上見山是山的旅程。重新回憶起這情景，看到真實的自己：原來是這樣！這過程，說是「返老還童」也不誇張，我因而明白了，老子說：「能嬰兒乎」，是什麼意思。

以出生來說，我呱呱落地就是空軍士官的遺腹子，母親生我時才十八歲就成了寡母，無親無故、目不識丁，只能把我寄養在隔壁老太太家，自己到離家甚遠的紡織廠做女工。像我這樣背景的小孩，有幾人能念到國立大學、還能赴美留學？能創辦一份台灣發行量最大的雜誌？這樣的人生，簡直就像中了樂透彩。

但我的人生，是真的中了樂透嗎？當然不是，直到中年過後，我經過不斷梳理，回到自己童年，才看到當時年輕守寡的母親、對她自己的人生充滿挫折迷惘、對嗷嗷待哺的兒子的未來，充滿擔憂懼怕，冒著失去兒子的愛的風險，用棍棒嚴教我這叛逆不受教的小孩。這一切的一切，就是怕我的人生，變得和她一樣。我也看到了，當年那個懵懂不受教的我，感受不到母親嚴教背後的愛，咬著牙發誓一定要出人頭地、掙脫桎梏，要活出和母親不一樣的人生、讓她嚇一跳。

我還看到自己所有的能耐，都來自母親在幼年時期的對待。我說故事（寫文章）的能力，來自無數遍聽她訴說自己苦難的人生；我做事的能力，來自她帶著我做所有的家事、一定要做到和她一模一樣；我設身處地了解別人的能力，來自我必須早熟的了解她，才能趨吉避凶走過童年；我獨力承擔自己人生的能力，來自她不斷的「提醒」我人生無可依恃；我面對苦、面對難的能力，來自她從不妥協的要求……。我的叛逆、不服權威；我的勤奮向學、追求知識；我的不循軌道、又不敢脫軌的習性……，一切的一切，都來自母親。

我看到過去自以為是孫悟空，膽敢大鬧天宮，結果卻翻不出如來佛的手掌心：原來大字不識一籮筐的母親，才是我此生唯一的大師父。這件事，我居然過了五十幾年才搞明白。

我還看到過去身上的很多習性，是少年時期對母親叛逆所留下的後遺症。正因為我沒接收到母親嚴教背後的愛，導致我成年後也無法自在接受異性的愛；正因為我少年時期一直想要掙脫母親的管束，導致我日後成為一個不斷逃家的男人，連自己組成的家也想逃。簡單說，我的靈魂深處一直回不了家，最後結了三次婚，其源頭，就是因為沒有圓滿和母親的關係。

如今的我，透過不斷的修習，生命產生變化，每過一段時期回頭看到的童年，都完全不同。如今我看到的童年，已經一切圓滿，完整收到母親的愛，也對母親付出了在她生前我一直未能付出的愛。

我甚至重新憶起早被遺忘的一個場景：大約三歲的我，清晨被（寄養家庭的）婆婆叫起，床前站著一位身穿碎花裙的陌生年輕阿姨，婆婆要我叫她媽，我叫不出口，她把我抱起來親，讓我很尷尬，然後把我背在背上彎著腰刷牙（應該是她從桃園工廠坐了整夜火車到高雄看我的緣故），我雙手攬住她脖子，臉貼在她背上，聞到陣陣香氣（應該是明星花露水），心中充滿了愛的感覺，真想永遠就這樣下去。

這是被我遺忘多年，終於重新「出土」的、對母親最初的記憶。一切都是那麼圓滿，原來如此，始終如此。而自從我透過修習、打開覺察、轉動心念，重新「圓滿」了母子關係後，我在情感方面的執著和恐懼，也日漸消退。

這樣的體驗，讓我了解經典上所說的，過去、現在、未來，皆在一念之間；一念之轉，能讓過去的記憶不同，現在的感受不同，未來的命運也不同。你當下的生命活成什麼樣，你那一念就生成什麼樣，你的命運就呈現什麼樣。個性能化，心念能轉，連過去的遺憾都可再度圓滿，何況未來的命運呢？人生哪有比「學怎麼活」更重要的事？

活學——終生受用的人生高效能解密

作者	金惟純
商周集團執行長	郭奕伶
視覺顧問	陳栩椿
商業周刊出版部	
總編輯	余幸娟
責任編輯	潘玫均・涂逸凡
協力編輯	羅惠萍
封面設計	Bianco Tsai
內頁排版	邱介惠
出版發行	城邦文化事業股份有限公司-商業周刊
地址	104台北市中山區民生東路二段141號4樓
	電話 ：(02)2505-6789　傳真：(02)2503-6399
讀者服務專線	(02)2510-8888
商周集團網站服務信箱	mailbox@bwnet.com.tw
劃撥帳號	50003033
戶名	英屬蓋曼群島商家庭傳媒股份有限公司城邦分公司
網站	www.businessweekly.com.tw
香港發行所	城邦（香港）出版集團有限公司
	香港灣仔駱克道193號東超商業中心1樓
	電話：(852) 25086231傳真：(852) 25789337
	E-mail： hkcite@biznetvigator.com
製版印刷	中原造像股份有限公司
總經銷	聯合發行股份有限公司　電話：(02) 2917-8022
初版 1 刷	2020年06月
初版13刷	2024年02月
定價	460元
ISBN	978-986-5519-10-0

紅沙龍

Try not to become a man of success but rather to become a man of value.
～Albert Einstein (1879 - 1955)

毋須做成功之士，寧做有價值的人。—— 科學家　亞伯・愛因斯坦